Gröls Verlage

„Bücher sind wie Fallschirme. Sie nützen uns nichts, wenn wir sie nicht öffnen."

Gröls Verlag

Redaktionelle Hinweise und Impressum

Das vorliegende Werk wurde zugunsten der Authentizität sehr zurückhaltend bearbeitet. So wurden etwa ursprüngliche Rechtschreibfehler *nicht* systematisch behoben, denn kleine Unvollkommenheiten machen das Buch – wie im Übrigen den Menschen – erst authentisch. Mitunter wurden jedoch zum Beispiel Absätze behutsam neu getrennt, um den Lesefluss zu erleichtern.

Um die Texte zu rekonstruieren, werden antiquarische Bücher von Lesegeräten gescannt und dann durch eine Software lesbar gemacht. Der so entstandene Text wird von Menschen gegengelesen und korrigiert – hierbei treten auch Fehler auf. Wenn Sie ebenfalls antiquarische Texte einreichen möchten, finden Sie weitere Informationen auf www.groels.de

Viel Freude bei der Lektüre wünscht Ihnen das Team des Gröls-Verlags.

Adressen

Verleger: Sophia Gröls, Im Borngrund 26, 61440 Oberursel

Externer Dienstleister für Distribution & Herstellung: BoD, In de Tarpen 42, 22848 Norderstedt

Unsere „Edition | Werke der Weltliteratur" hat den Anspruch, eine der größten und vollständigsten Sammlungen klassischer Literatur in deutscher Sprache zu sein. Nach und nach versammeln wir hier nicht nur die „üblichen Verdächtigen" von Goethe bis Schiller, sondern auch Kleinode der vergangenen Jahrhunderte, die – zu Unrecht – drohen, in Vergessenheit zu geraten. Wir kultivieren und kuratieren damit einen der wertvollsten Bereiche der abendländischen Kultur. Kleine Auswahl:

Francis Bacon • Neues Organon • **Balzac** • Glanz und Elend der Kurtisanen • **Joachim H. Campe** • Robinson der Jüngere • **Dante Alighieri** • Die Göttliche Komödie • **Daniel Defoe** • Robinson Crusoe • **Charles Dickens** • Oliver Twist • **Denis Diderot** • Jacques der Fatalist • **Fjodor Dostojewski** • Schuld und Sühne • **Arthur Conan Doyle** • Der Hund von Baskerville • **Marie von Ebner-Eschenbach** • Das Gemeindekind • **Elisabeth von Österreich** • Das Poetische Tagebuch • **Friedrich Engels** • Die Lage der arbeitenden Klasse • **Ludwig Feuerbach** • Das Wesen des Christentums • **Johann G. Fichte** • Reden an die deutsche Nation • **Fitzgerald** • Zärtlich ist die Nacht • **Flaubert** • Madame Bovary • **Gorch Fock** • Seefahrt ist not! • **Theodor Fontane** • Effi Briest • **Robert Musil** • Über die Dummheit • **Edgar Wallace** • Der Frosch mit der Maske • **Jakob Wassermann** • Der Fall Maurizius • **Oscar Wilde** • Das Bildnis des Dorian Grey • **Émile Zola** • Germinal • **Stefan Zweig** • Schachnovelle • **Hugo von Hofmannsthal** • Der Tor und der Tod • **Anton Tschechow** • Ein Heiratsantrag • **Arthur Schnitzler** • Reigen • **Friedrich Schiller** • Kabale und Liebe • **Nicolo Machiavelli** • Der Fürst • **Gotthold E. Lessing** • Nathan der Weise • **Augustinus** • Die Bekenntnisse des heiligen Augustinus • **Marcus Aurelius** • Selbstbetrachtungen • **Charles Baudelaire** • Die Blumen des Bösen • **Harriett Stowe** • Onkel Toms Hütte • **Walter Benjamin** • Deutsche Menschen • **Hugo Bettauer** • Die Stadt ohne Juden • **Lewis Caroll** • *und viele mehr….*

Friedrich II. von Preußen

Der Siebenjährige Krieg

(1763)

Inhalt

Preußische Infanterie vor dem Aufbruch ins Feld.

Die drei Anfragen in Wien

I - Die erste Anfrage

Erlaß des Königs an den Geheimen Kriegsrat von Klinggräffen in Wien

Potsdam, 18. Juli 1756

Ihr werdet eine besondere Audienz bei der Kaiserin erbitten. Wenn Ihr vorgelassen seid, werdet Ihr nach den üblichen Komplimenten in meinem Namen erklären, ich hätte von vielen Seiten Nachrichten über die Bewegungen ihrer Truppen in Böhmen und Mähren und über die Zahl der dorthin abgehenden Regimenter erhalten. Ich fragte die

Kaiserin, ob diese Rüstungen den Zweck hätten, mich anzugreifen. Antwortet sie Euch, sie folge nur dem Beispiel meiner Truppenbewegungen, so werdet Ihr sagen, Euch schiene da ein Unterschied zu bestehen. Es sei Euch bekannt, daß ich Truppen nach Pommern geschickt hätte, um Ostpreußen gegen die etwaigen feindlichen Absichten der Russen zu decken, die 70 000 Mann an der preußischen Grenze versammelt haben. An ihrer schlesischen Grenze hingegen hätte sich nichts gerührt, und keine meiner Maßnahmen sei geeignet, ihren Verdacht zu erregen.

Antwortet sie Euch, daß jeder bei sich tun könne, was er wolle, so laßt Euch das gesagt sein und begnügt Euch mit dieser Antwort.

Sagt sie Euch, sie zöge die Truppen in Böhmen und Mähren wie alljährlich in Feldlagern zusammen, so weist sie auf den Unterschied in der Truppenzahl, den Magazinen und Kriegsrüstungen hin und fragt sie, ob das die ganze Antwort sei, die sie Euch zu geben hätte.

II - Die zweite Anfrage

Erlaß des Königs an den Geheimen Kriegsrat von Klinggräffen in Wien

Potsdam, 2. August 1756

Unverzüglich nach Empfang dieses Schreibens werdet Ihr die Kaiserin-Königin um Audienz bitten. Ihr werdet ihr sagen, es verdrieße mich zwar, sie noch einmal behelligen zu müssen, es sei aber bei den gegenwärtigen Verhältnissen nicht anders möglich. Der Ernst der Lage erheische deutlichere Erklärungen als die, die sie mir gegeben habe. Weder den Ländern der Kaiserin noch denen ihrer Alliierten droht ein Angriff, wohl aber den meinen.

Sagt der Kaiserin, um ihr nichts zu verhehlen, ich wüßte aus ganz zuverlässiger Quelle, daß sie zu Anfang dieses Jahres mit dem russischen Hofe eine Offensivallianz gegen mich geschlossen hat. Darin ist ausgemacht, daß die beiden Kaiserinnen mich unvermutet angreifen werden, die Zarin mit 120 000 Mann, die Kaiserin-Königin mit 80 000 Mann. Der Plan sollte im Mai dieses Jahres zur Ausführung kommen, wurde aber aufgeschoben, da es den russischen Truppen an Rekruten, ihren Flotten an Matrosen und in Finnland an Getreide zu ihrer Ernährung fehlte. Beide Höfe sind übereingekommen, ihr Vorhaben bis zum nächsten Frühjahr aufzuschieben.

Da ich nun von allen Seiten höre, daß die Kaiserin ihre Hauptstreitkräfte in Böhmen und Mähren versammelt, daß die Truppen ganz dicht an meinen Grenzen kampieren, daß beträchtliche Magazine und Vorräte an Kriegsbedarf angelegt werden, daß Husaren und Kroaten längs meinen Grenzen Postenketten ziehen, als ob wir mitten im Kriege wären, so halte ich mich für berechtigt, von der Kaiserin-Königin eine formelle und kategorische Erklärung zu fordern, bestehend in der mündlichen oder schriftlichen Versicherung, daß sie mich weder in diesem noch im nächsten Jahre anzugreifen gedenkt. Es gilt mir gleich, ob diese Erklärung schriftlich oder mündlich, aber in Gegenwart des französischen und englischen Gesandten erfolgt. Das steht ganz im Belieben der Kaiserin. Ich muß wissen, ob wir im Krieg oder Frieden leben; ich lege die Entscheidung in die Hände der Kaiserin. Sind ihre Absichten lauter, so ist jetzt der Augenblick, sie zu offenbaren. Erhalte ich aber eine Antwort in Orakelstil, unbestimmt oder nicht bündig, so hat die Kaiserin sich selbst all die Folgen des stillschweigenden Eingeständnisses der gefährlichen Pläne vorzuwerfen, die sie mit Rußland gegen mich geschmiedet hat. Ich rufe den Himmel zum Zeugen an, daß ich an dem Unglück, das daraus entstehen wird, unschuldig bin.

P.S. Sofort nach der Audienz werdet Ihr den Kurier mit der Antwort abfertigen und dem englischen Gesandten Abschrift zustellen. Da Ihr selbst zu ermessen vermögt, welche Wendung die Dinge nehmen werden, so muß ich Euch vorhersagen: bekomme ich diesmal keinen klareren Bescheid, so bleibt mir nichts übrig als der Krieg, und Ihr werdet Befehl erhalten, abzureisen, ohne Euch zu verabschieden. Das kann am 23. oder 24. geschehen. Ich muß Euch gleich mitteilen, daß Feldmarschall Schwerin dann in Neiße ist. Ihr werdet ihn durch denselben Kurier, den Ihr an mich sendet, benachrichtigen, ob es Krieg oder Frieden gibt, damit er dort die geeigneten Maßregeln treffen kann. Die Hauptsache ist, daß ich rasch Nachricht erhalte. Ich muß also durchaus am 16. dieses Monats einen Kurier haben. Selbst wenn er noch nicht die Antwort bringt, kann ich doch durch ihn erfahren, was Ihr über die Sache denkt.

III - Die dritte Anfrage

Erlaß des Königs an den Geheimen Kriegsrat von Klinggräffen in Wien

Potsdam, 26. August 1756

Gestern abend erhielt ich Euren letzten Kurier mit der Antwort, die der Wiener Hof Euch auf die zweite, von ihm geforderte Erklärung ausgefertigt hat. Dies sonderbare Schriftstück kann eigentlich nicht als Antwort bezeichnet werden; denn man berührt und beantwortet darin mit keinem Sterbenswörtchen die von mir gestellte Hauptfrage, ob die Kaiserin-Königin mir zum Zwecke der Erhaltung des Friedens und der öffentlichen Ruhe versprechen will, mich weder in diesem noch im nächsten Jahre anzugreifen.

Da die Antwort also völlig unzureichend ist und auf den Hauptpunkt der Frage nicht eingeht, so ist es mein Wille, daß Ihr zum drittenmal vorstellig werdet und der Kaiserin-Königin mündlich oder schriftlich, wie man es von Euch verlangt, folgende Erklärung abgebt. Aus dem Inhalt ihrer letzten Antwort ersähe ich allerdings deutlich den bösen Willen, den der Wiener Hof gegen mich hege, und es bliebe mir infolgedessen nichts anderes übrig, als die nötigen Maßregeln zu meiner Sicherheit zu treffen. Wolle die Kaiserin-Königin mir indes noch jetzt die positive Versicherung geben und mir ausdrücklich erklären, daß sie mich weder in diesem noch im nächsten Jahre anzugreifen gedenke, so würde ich umgehend meine Truppen zurückziehen und alles wieder in den gehörigen Zustand bringen.

Über diesen letzten Punkt werdet Ihr eine kategorische Antwort fordern und sie mir ohne den geringsten Verzug durch einen besonderen Kurier zusenden. Fällt diese Antwort ebenso unbefriedigend aus wie die vorhergehenden, oder schlägt man sie überhaupt ab, so werdet Ihr in diesen beiden Fällen dem Grafen Kaunitz einen höflichen und angemessenen Brief schreiben, worin Ihr erklärt: Da die Dinge so weit gekommen seien, daß Eure Anwesenheit überflüssig werde, so bleibe Euch nichts weiter übrig, als den Wiener Hof zu verlassen. Es wäre Euch sehr schmerzlich, daß Ihr Euch unter den obwaltenden Umständen von Ihren Majestäten nicht mehr verabschieden könntet. Danach werdet Ihr so schleunig wie möglich abreisen, nachdem Ihr Eure Archive gemäß den Euch früher zugegangenen Befehlen in Sicherheit gebracht habt.

P.S. Da ich keine Sicherheit mehr für die Gegenwart noch für die Zukunft habe, so bleibt mir nur der Weg der Waffen übrig, um die Anschläge meiner Feinde zu vereiteln. Ich marschiere und gedenke, binnen kurzem Die, die sich jetzt durch ihren Stolz und Hochmut verblenden lassen, anderen Sinnes zu machen. Aber ich bewahre doch so viel Selbstbeherrschung und Mäßigung, um Ausgleichsvorschläge anzuhören, sobald mir solche gemacht werden; denn ich hege weder ehrgeizige Pläne noch begehrliche Wünsche. Ich treffe nur gerechtfertigte Vorkehrungen zur Wahrung meiner Sicherheit und Unabhängigkeit.

Manifest gegen Österreich

Seit dem Ausbruch der Zwistigkeiten in Amerika zwischen Frankreich und England droht für Europa, insbesondere für Deutschland, ein Krieg mit all dem Elend, das er nach sich zieht. Der König von Preußen hat als einer der vornehmsten Reichsfürsten keine Mühe gescheut, den Sturm zu beschwören. Namentlich in der Absicht, Deutschland vor den Plagen eines Krieges zu behüten, hat Seine Majestät einen Neutralitätsvertrag mit dem König von England geschlossen. Es war anzunehmen, daß der Kaiser als Reichsoberhaupt zu einem für das gemeinsame Vaterland so heilsamen Zweck beitragen müßte. Jedoch ergriff der Wiener Hof aus weiterhin zu erörternden Gründen ganz andere Maßregeln. Er schloß ein Defensivbündnis mit dem französischen Hofe, und da er hierdurch Flandern und Italien gesichert wußte, glaubte er, den König von Preußen angreifen zu können, wider Treu und Glauben der Verträge und trotz der feierlichen Versprechungen und Garantien für Schlesien, die dem König im Frieden von Aachen (1748) gegeben worden. Auch damit noch nicht zufrieden, hat der Wiener Hof seit dem Aachener Frieden nicht aufgehört, Rußland gegen Preußen aufzustacheln. Er war es, der die Abberufung der Gesandten veranlaßte. Er verstand es, beide Höfe durch unwürdige Täuschungen völlig zu entzweien, wiewohl es im Grunde keine Streitfragen zwischen ihnen gibt. Er war es, der die Kaiserin von Rußland zu fortwährenden kriegerischen Demonstrationen an der preußischen Grenze veranlaßte, in der Hoffnung, der Zufall würde eine Gelegenheit zum offenen Bruch zwischen beiden Mächten herbeiführen.

Der preußische Aar schirmt das im Reichsapfel symbolisch dargestellte Deutschland gegen das durch den Versailler Vertrag vom 1. Mai 1756 geeinigte Österreich und Frankreich, die ihre räuberischen Krallen in den Reichsapfel schlagen.

Soviel von den geheimen Machenschaften. Was die Vorgänge im Angesicht der ganzen Welt betrifft, so ist durch den Breslauer Frieden (1742) festgesetzt, daß beide Kontrahenten ihre gegenseitigen Handelsbeziehungen auf dem Fuße von 1739 belassen und künftig versuchen sollen, die Interessen ihrer Staaten durch eine von beiden Höfen eingesetzte Kommission zu regeln. Ein anderer Artikel bestimmte, daß beide Mächte die auf Schlesien ruhenden Schulden nach Maßgabe ihres beiderseitigen Besitzanteils tilgen sollen. Beides mußte gleichzeitig geregelt werden. Aber der Wiener Hof hat unter Nichtachtung der Verträge auf alle schlesischen Erzeugnisse einen Zoll von 30 Prozent gelegt. Obwohl mehrere preußische Kommissare während ihres Aufenthalts in Wien Vorstellungen erhoben, hat der Wiener Hof jede Art von gütlicher Schlichtung ausgeschlagen, ja kurz nach der Unterzeichnung des Versailler Vertrages den Zoll auf alle schlesischen Waren auf 60 Prozent erhöht.

Diese Tatsachen werden hierdurch zur öffentlichen Kenntnis gebracht, damit jedermann über das Benehmen des Wiener Hofes Bescheid weiß. Alle Mächte, die mit dem Wiener Hof über Interessenfragen zu verhandeln hatten, werden in solchen Zügen dessen gewohntes Verfahren erkennen. Jetzt, wo der Wiener Hof sich mit einer der Mächte verbündet, die den Westfälischen Frieden garantiert haben, glaubt er, er könne ungestraft alle Reichsgesetze übertreten, die evangelische Freiheit unterdrücken, seinen Despotismus in Deutschland aufrichten, die souveränen Fürsten zu Vasallen im Stil böhmischer Grafen machen, kurz, den Plan ausfuhren, den Kaiser Ferdinand II. verwirklicht hätte, wäre nicht ein Herzog von Richelieu und ein König Gustav Adolf von Schweden gewesen.

Das Wiener Ministerium glaubt, wenn es erst den König von Preußen gedemütigt habe, werde das übrige ihm leicht fallen. Demzufolge hat es sich zur Ausführung seines Vorhabens gerüstet. Seit dem Frühjahr haben starke Aushebungen stattgefunden; die Kavallerie hat Remonten erhalten. Im Mai wurde bestimmt, daß ein Lager von 60 000 Mann in Böhmen und eins von 40 000 Mann in Mähren errichtet werden sollte. Große Vorräte an Kriegsmunition sind in Prag und in Olmütz angehäuft worden. Im Juni erfolgte ein Ausfuhrverbot für Getreide; die Kriegskommissare erhielten Befehl, sich über die Ankäufe mit dem Lande zu verständigen. Im Juli wurden Truppen aus Ungarn nach jenen Lagern geschickt. Das Kriegskommissariat hat bereits mit der Anlage von Magazinen an der sächsischen Grenze begonnen. Da große Heere zusammengezogen, Magazine errichtet und irreguläre Truppen aufgebracht werden, so ist es offenbar, daß dies nicht zur Bildung von Friedenslagern geschieht, wie es seit dem letzten Kriege Brauch ist, sondern zum Angriff auf den König von Preußen und, wenn möglich, zum plötzlichen Überfall. Der Angreifer ist aber nicht der, der den ersten Schuß tut, sondern der, der den Plan faßt, seinen Nachbarn anzugreifen und dies offen durch seine drohende Haltung kundgibt.

Da der König sich also am Vorabend eines Angriffs von Seiten der Kaiserin-Königin sieht, hielt er es im Interesse seiner Würde und Sicherheit für geboten, einem Feind zuvorzukommen, der ihm und dem ganzen Deutschen Reiche den Untergang geschworen hat. Der König hält sich für berechtigt zum Gebrauch der Macht, die ihm der Himmel gegeben hat, um Gewalt der Gewalt entgegenzusetzen, die Anschläge seiner Feinde zu vereiteln und die Sache des Protestantismus und der deutschen Freiheit vor den Unterdrückungsgelüsten des Wiener Hofes zu schirmen.

Gegen Ende März 1757 bezogen die preußischen Truppen Kantonnementsquartiere. Sie waren in vier Korps geteilt. Prinz Moritz führte den Oberbefehl bei Zwickau. Der König stand mit der

Hauptarmee zwischen Dresden, Pirna, Berggießhübel und Dippoldiswalde. Bei Zittau hatte der Herzog von Bevern sein Korps aus den Winterquartieren in der Lausitz zusammengezogen. Feldmarschall Schwerin war mit seiner Armee gegen die böhmische Grenze zwischen Glatz, Friedland und Landeshut gerückt. Nach dem Feldzugsplan sollten die vier Korps gleichzeitig in Böhmen eindringen und auf verschiedenen Wegen bei Prag zusammentreffen, das als Vereinigungspunkt galt. Durfte man sich von diesem allgemeinen Vormarsch doch große Verwirrung unter den verschiedenen, in ihren Quartieren verstreuten feindlichen Korps versprechen. Ja, man konnte hoffen, einige von ihnen zu überrumpeln und mit den anderen Gelegenheit zu Sondergefechten zu finden. Rieb man nur einen Teil davon auf, so hätten die Preußen für den ganzen Feldzug das Übergewicht erlangt. Auch konnte es zu einer Entscheidungsschlacht kommen, die das Schicksal des ganzen Krieges bestimmte. Um so wichtiger war die Geheimhaltung des Planes. Gelingen konnte er nur bei völliger Unkenntnis von Seiten der Feinde, des verräterischen sächsischen Hofes und der Armee selbst, die ihn aus Unachtsamkeit verbreitet hätte.

Um Freund wie Feind gleichermaßen irrezuführen, wurde Dresden befestigt und mit Palisaden versehen, kurz, in verteidigungsfähigen Zustand gesetzt. Gleichzeitig ließ der König, wie zur Vorbereitung auf einen Defensivkrieg, rings um Dresden eine Reihe von starken Lagern abstecken: bei Cotta, Maxen und Possendorf, beim Windberg und bei Mohorn. Die dabei verwendeten sächsischen Jäger hatten nichts Eiligeres zu tun, als es dem sächsischen Hofe zu hinterbringen, und die Königin von Polen verfehlte nicht, die Mitteilung sofort an die österreichischen Generale zu befördern. Indessen ließ man es bei diesen auf Täuschung berechneten Demonstrationen nicht bewenden. Um die feindlichen Generale noch mehr in Sicherheit zu wiegen, wurden einige schwache Einfälle in Böhmen gemacht, gewissermaßen zur Vergeltung für die Streifzüge, die der Feind im vergangenen Winter zur Beunruhigung der Preußen in die Lausitz unternommen hatte. Alle diese kleinen Scharmützel wiegten die Kaiserlichen in Sicherheit. Sie redeten sich ein, der König beschränke sich auf kleine Handstreiche und habe nichts Größeres im Sinne.

Einmarsch der preußischen Truppen in Böhmen.

Der Vormarsch auf Prag

Die vier preußischen Heeresabteilungen setzten sich teils am 20., teils am 21. April in Marsch. Prinz Moritz drang über Sebastiansberg in Böhmen ein und rückte von da auf Komotau. Der König lagerte bei Nollendorf, schob seine Avantgarde bis Karbitz vor und detachierte von da die Brigade Zastrow zur Besetzung von Aussig und zur Vertreibung der Österreicher aus dem Schlosse von Tetschen. Am nächsten Tage rückte die Armee bis Hlinay vor, wo Prinz Moritz von Brüx her zu ihr stieß (25. April). Beim Anmarsch der Preußen verlegten die Österreicher ihre Quartiere über die Eger zurück. Das Schloß von Tetschen ergab sich erst am 23. April. Leider fand Zastrow dabei den Tod.

Nun überschritt die Armee den Paschkopole, zog durch die Ebene von Lobositz und lagerte bei Trebnitz. Der rechte Flügel lehnte sich an den Paschkopole. Die Hasenburg wurde besetzt. Die Stellung lag der des Feldmarschalls Browne bei Budin gegenüber. Wie man wußte, erwartete Browne für den nächsten Morgen eine österreichische Division, die im Saazer und Egerer Kreis überwintert hatte. Um ihrer Vereinigung zuvorzukommen, ja selbst einen Angriff zu versuchen, bevor sie das Lager von Budin erreichte, beschloß man, die Armee noch in derselben Nacht anderthalb Meilen oberhalb des Browneschen Lagers über die Eger zu werfen. Bot sich dann auch keine Gelegenheit, die Division auf dem Marsche zu schlagen, so wurde Browne durch diese Bewegung doch wenigstens zum Aufgeben seiner umgangenen Stellung gezwungen. Daraufhin schlug man bei Koschtitz zwei Brücken. Sie wurden aber erst am nächsten Morgen so weit fertig, daß die Truppen über die Eger gehen konnten (27. April). Die sofort zur Rekognoszierung vorgeschickten Husaren stießen bei Perutz auf die Division, die sich mit Brownes Heer vereinigen sollte. Indes hatte der Feind vom Übergang der Preußen Kunde erhalten und zog sich auf Welwarn zurück, ohne daß man ihm etwas hätte anhaben können; denn bisher hatte kaum die Hälfte der Armee den Fluß überschritten. Auch hatte Feldmarschall Browne bemerkt, daß seine Stellung umgangen war, und da er begriff, daß eine Vereinigung mit der heranrückenden Division nur beim Rückzug auf Welwarn möglich war, brach er sofort dahin auf. Die preußischen Husaren beunruhigten seine Nachhut und machten einige Gefangene.

Die Armee des Königs lagerte bei Budin und verwandte den folgenden Tag zur Instandsetzung der Egerbrücken, um die Verbindung mit Sachsen zu sichern. Die bedeutenden feindlichen Magazine bei Martinowes, Budin und Charwatetz fielen in die Hände der Preußen, wodurch die Verproviantierung der Truppen bedeutend erleichtert wurde. Von Budin rückten die Preußen auf Welwarn, das der Feind eben geräumt hatte, und schoben eine Avantgarde von 40 Schwadronen und allen Grenadieren der Armee bis nach Tuchomirschitz vor. Der König, der selbst bei der Avantgarde war, sah, daß Brownes Armee sich noch auf dem Marsche befand. Die Nachhut, die den Marschkolonnen folgte, reizte ihn durch ihr unsicheres Benehmen zum Angriff. Zieten führte ihn aus und nahm 300 Mann gefangen. Der Feind hatte sich anfangs auf dem Weißen Berge postiert, verließ ihn aber am 2. Mai. Die preußische Avantgarde besetzte ihn und sah, wie der Feind durch Prag marschierte und ein Lager am jenseitigen Ufer der Moldau aufschlug. Noch am selben Tage besetzte die Armee des Königs die ganze Umgegend der Stadt und schloß sie in eine Art von Ringwall ein. Ihr rechter Flügel lehnte sich an die obere Moldau. Von da zog sich das Lager um St. Rochus, das Kloster St. Maria de Viktoria und Weleslawin bis nach Podbaba an der unteren Moldau.

Während des Vormarsches der vom König geführten Armee war der Herzog von Bevern nicht müßig geblieben. Er war am 20. April in Böhmen eingerückt und hatte seinen Weg über Grottkau und Kratzau auf Machendorf genommen. Unterwegs schlug seine Kavallerie ein österreichisches Detachement unter dem Grafen Königsegg, das zum Rekognoszieren vorgerückt war. Der Feind, dessen Stärke man auf 23 000 Mann schätzte, hatte bei Reichenberg eine vorteilhafte Stellung eingenommen. Am 21. April ging der Herzog von Bevern zum Angriff gegen ihn vor und marschierte in zwei Kolonnen nach Habendorf. Sein Weg führte über einen Damm. Er ließ sich dadurch aber keineswegs aufhalten, da der Feind den Weg nicht mit Musketenfeuer verteidigen konnte. Jenseits des Defilees stand Königseggs Korps in Hufeisenform. In der Mitte hielt die österreichische Kavallerie auf einer kleinen Ebene, zu drei Treffen formiert und von den beiden Infanterieflügeln umfaßt. Diese standen mit dem Rücken an dichte Wälder gelehnt und hatten vor sich an einigen Stellen Verhaue und mit Geschützen besetzte Schanzen, deren Feuer ihre Reiterei deckte.

Der rechte Flügel des Herzogs von Bevern griff den feindlichen linken Flügel an. Zugleich warfen sich 15 preußische Schwadronen auf die in der Ebene stehende Kavallerie und trieben sie in wilder Flucht zurück. Der Prinz von Württemberg verrichtete dabei Wunder der Tapferkeit. Nun griff Lestwitz den rechten feindlichen Flügel und die Schanzen an, die Reichenberg deckten. Obgleich es vorher durch mehrere Defileen mußte, eroberte das Regiment Darmstadt die Schanzen und zwang den Gegner zur Flucht. Er wurde von Höhe zu Höhe bis Röchlitz und Dörfel verfolgt. Aber bei den Schwierigkeiten des bergigen Geländes und bei der Unmöglichkeit, einen in völliger Auflösung fliehenden Feind mit Truppen in geschlossener Ordnung einzuholen, konnte der Herzog von Bevern das feindliche Korps nicht völlig aufreiben. Die Österreicher verloren im Treffen bei Reichenberg etwa 1800 Mann, darunter 800 Gefangene. Dagegen betrugen die preußischen Verluste nicht mehr als 200 Mann, da der Feind keinen hartnäckigen Widerstand geleistet hatte. Der Herzog von Bevern verfolgte Königsegg bis Liebenau. Dort verbot ein unwegsamer Engpaß, hinter dem die Österreicher sich wieder gesammelt hatten, jedes weitere Vordringen.

Auf dieser Seite wäre ein weiterer Vormarsch der Preußen also unmöglich gewesen, wäre Feldmarschall Schwerin nicht rechtzeitig zur Unterstützung herangerückt. Die schlesische Armee drang am 18. April als erste in Böhmen ein, und zwar auf fünf verschiedenen Straßen. Die erste Kolonne marschierte über Schatzlar und hätte dort beinahe die sächsischen Prinzen überrascht. Die zweite stieß auf der Straße nach Goldenöls auf 200 Panduren, die ihr von einer schroffen Felshöhe herab den Durchzug verwehrten. Aber Winterfeldt fand Mittel und Wege, die Felsen durch einige Truppen erklimmen zu lassen. Sie fielen den Panduren in den Rücken und hieben sie sämtlich nieder. Die drei übrigen Kolonnen, die durch die Grafschaft Glatz rückten, trafen auf keinen Feind und vereinigten sich mit den anderen bei Königinhof. Feldmarschall Schwerin hatte bereits Meldung von allem erhalten, was beim Heere des Herzogs von Bevern geschehen war. Deshalb zog er hinter Königsegg her, um ihn in seinem Lager bei Liebenau zu überrumpeln. Aber die Österreicher brachen ihr Lager in aller Hast ab und wollten auf Jung-Bunzlau marschieren. Hier kam ihnen Schwerin indes zuvor und nahm ihnen zugleich ein bedeutendes Magazin fort, das sie in Kosmanos errichtet hatten (26. April). Dort stieß auch das Lausitzer Korps zur schlesischen Armee.

Während Königsegg sich in Eilmärschen auf Prag zurückzog, folgte ihm der Feldmarschall bis Benatek und detachierte von dort aus General Wartenberg, um dem Feind auf den Fersen zu bleiben. Wartenberg vernichtete bei Alt-Bunzlau die 1600 Mann starke österreichische Nachhut, die fast ganz getötet oder gefangen wurde (2. Mai). Aber auch der tapfere General, einer der besten preußischen Reiterführer, kam dabei ums Leben. Er wurde allgemein betrauert. Nun marschierte Fouqué mit der Avantgarde des Feldmarschalls auf Alt-Bunzlau und blieb dort bis zum 4. Mai, um die Elbbrücken wiederherzustellen, die die Feinde zur Deckung ihres Rückzuges abgebrochen hatten. Noch am selben Tage ging der Feldmarschall mit seinem Heere über die Elbe und schlug anderthalb Meilen von Prag sein Lager auf.

Ein Teil der Truppen, die im letzten Jahre von Piccolomini geführt worden waren, hatte sich noch nicht zusammengezogen. Nach Piccolominis Tode hatte Feldmarschall Daun das Kommando übernommen. Auf das Gerücht von den verschiedenen Einfällen der Preußen erhielt der Feldmarschall Befehl, seine Armee zu versammeln und unmittelbar gegen Prag vorzugehen. Dort erwartete ihn Browne um so sehnlicher, als er sah, daß die ganze preußische Heeresmacht unverzüglich über ihn herfallen würde. Der König erhielt Meldung vom Anmarsch des Feldmarschalls Daun, konnte aber gegen Browne, der durch die Moldau und Prag gedeckt war, nichts unternehmen. Überdies waren die Dinge bereits so weit gekommen, daß das Schicksal der beiden Armeen notwendig durch eine Schlacht entschieden werden mußte. Da man aber nur auf dem jenseitigen Moldauufer fechten konnte, beschloß der König, Browne noch vor seiner Vereinigung mit Daun anzugreifen. Zu dem Zweck ließ er bei Selz eine Brücke über die Moldau schlagen und überschritt sie am 6. Mai mit 20 Bataillonen und 40 Schwadronen. Er hatte Zeit, die feindliche Stellung zu rekognoszieren, und fand, daß ein Angriff auf Brownes Front zu schwierig war, während bei Umgehung des rechten feindlichen Flügels das Gelände größere Vorteile bot.

Schlacht bei Prag

Bei Anbruch des folgenden Tages (6. Mai) vereinigten sich die beiden preußischen Armeen in Kanonenschußweite vom Feind, und der Angriff ward unverzüglich beschlossen. Der linke Flügel der Österreicher lehnte sich an den Ziskaberg und war durch die Festung Prag gedeckt. Eine Schlucht von mehr als 100 Fuß Tiefe schützte die Front, und der rechte Flügel endigte auf einer Anhöhe, an deren Fuß das Dorf Sterbohol liegt. Um den Kampf nicht mit zu ungleichen Waffen zu beginnen, mußte Browne gezwungen werden, einen Teil der Höhen zu verlassen und sich in die Ebene herabzuziehen. Zu dem Zweck änderte der König seine Schlachtordnung. Die Armee war in mehreren Kolonnen aufgebrochen. Nun wurde sie in zwei Treffen formiert und marschierte auf dem Wege nach Poczernitz links ab. Sobald Browne diese Bewegung bemerkte, rückte er mit den Grenadieren der Reserve, der Kavallerie des linken Flügels und dem zweiten Infanterietreffen parallel neben den Preußen her. Das hatte man gerade erreichen wollen. Die Armee des Königs ging durch Defileen und Sümpfe, die die Truppen etwas auseinanderbrachten, auf Bechowitz vor. Die preußische Kavallerie stieß durch das Dorf und fand dahinter eine von einem Teich begrenzte Ebene, die ihr gerade Raum genug bot, sich zu formieren. Zwischen Dorf und Teich eingekeilt und gegen jeden Seitenangriff geschützt, griff sie die österreichische Kavallerie dreimal hintereinander herzhaft an, durchbrach sie und schlug sie völlig in die Flucht.

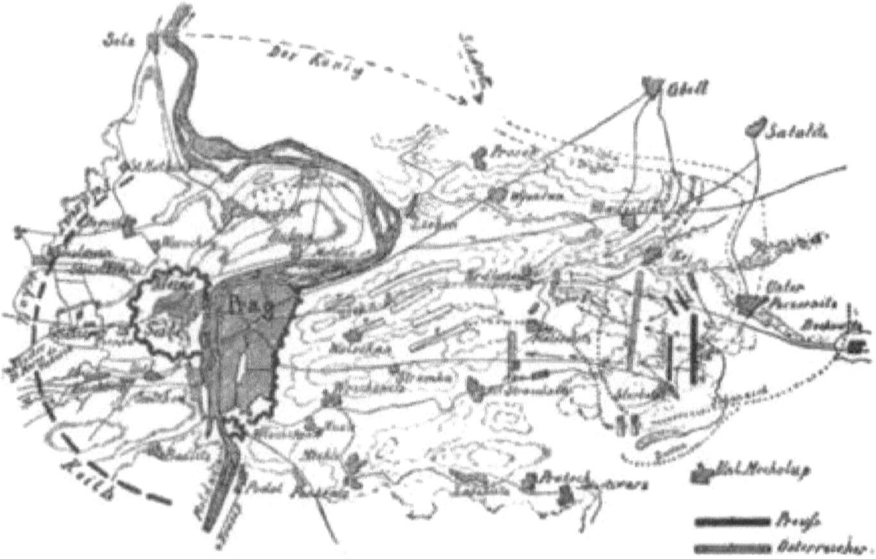

Skizze

Kaum waren 10 Bataillone des linken Flügels aufgestellt, so griffen sie, noch ehe das zweite Treffen heran war, den Feind übereilt und mit mehr Mut als Klugheit an. Sie wurden von furchtbarem Artilleriefeuer empfangen und zurückgeworfen, aber wahrlich nicht zu ihrer Unehre; denn die tapfersten Offiziere und die Hälfte der Bataillone bedeckten das Schlachtfeld. Feldmarschall Schwerin war trotz seines hohen Alters noch vom ganzen Feuer der Jugend beseelt. Über das Zurückweichen der Preußen empört, ergriff er eine Fahne, setzte sich an die Spitze seines Regiments und führte es selbst zum Angriff vor. Er verrichtete Wunder der Tapferkeit, aber da noch nicht Truppen genug zur Unterstützung heran waren, so unterlag er und fand selbst den Tod. So endete er sein glorreiches Leben und erwarb sich noch im Sterben neuen Ruhm.

Mittlerweile rückte das zweite Treffen heran. Der König zog noch Prinz Ferdinand von Braunschweig mit einigen Regimentern herbei, und der Kampf wurde wieder aufgenommen. Das war um so leichter, als auch Tresckow mit seiner mehr rechts stehenden Brigade die feindlichen Reihen durchbrach. Nun ließ der König die Regimenter Markgraf Karl und Jung-Braunschweig vorrücken, nahm Tresckow auf und trieb die österreichische Infanterie mit vereinten Kräften bis über ihre Zelte hinaus, zu deren Abbrechen sie keine Zeit mehr gehabt hatte. Jetzt wurde die Flucht auf dem rechten feindlichen Flügel allgemein. Man rief nach der Kavallerie, um die Verwirrung auszunutzen, aber unglücklicherweise waren die Husaren und Dragoner über die Bagage des fliehenden Feindes hergefallen und kamen zu spät, um sich auf die Infanterie zu stürzen. Sonst wäre sie Mann für Mann gefangen genommen oder niedergehauen worden.

Das hinderte den König indes nicht, dem Feinde kräftig nachzusetzen. Puttkamer wurde mit Husaren gegen die Sazawa vorgeschickt, wohin sich ein Teil der Flüchtlinge gerettet hatte, und das Gros der Armee rückte gegen den Wischehrad, so daß der linke Flügel der Österreicher völlig vom rechten abgeschnitten war.

Der rechte preußische Flügel sollte ursprünglich gar nicht in die Schlacht eingreifen, erstens wegen der schon erwähnten vor ihm liegenden tiefen Schlucht und zweitens wegen des unvorteilhaften Geländes. Aber durch die Unvorsichtigkeit Mansteins, den sein allzu hitziger Mut bisweilen fortriß, kam er dennoch ins Gefecht. Mansteins Ungestüm geriet beim Anblick des Feindes in Flammen, und er ging ohne Befehl zum Angriff vor. Prinz Heinrich und der Herzog von Bevern mißbilligten zwar sein Vorgehen, wollten ihn aber nicht im Stiche lassen und unterstützten daher seinen Angriff. Die preußische Infanterie erkletterte schroffe Felsen, die vom ganzen linken österreichischen Flügel und von zahlreicher Artillerie verteidigt wurden. Als Prinz Ferdinand von Braunschweig sah, daß es auf jener Seite zum Gefecht gekommen war und seine Anwesenheit auf dem linken Flügel, wo er keinen Feind mehr vor sich hatte, überflüssig wurde, fiel er den Österreichern in die Flanke und in den Rücken und unterstützte den Angriff des Prinzen Heinrich dadurch so vorteilhaft, daß dieser drei feindliche Batterien erobern konnte und den Gegner von Höhe zu Höhe verfolgte.

Die Besiegten, die sich im Rücken durch preußische Bataillone beim Dorfe Michle von der Sazawa abgeschnitten sahen, wußten sich nicht anders zu retten, als indem sie sich in die Stadt Prag warfen. Sie versuchten zwar nach dem Wischehrad durchzubrechen, wurden aber dreimal von der preußischen Kavallerie zurückgetrieben. Sie versuchten ferner nach Königsaal zu entweichen, aber auch daran wurden sie durch Feldmarschall Keith gehindert, dessen Armee alle Höhen besetzt hielt, an deren Fuß sie vorbei mußten. Man wußte zwar, daß ein Teil der flüchtigen kaiserlichen Armee sich in die Stadt Prag geworfen hatte, aber die genaue Zahl war nicht bekannt, und so mußte man sich damit begnügen, die Stadt einzuschließen und zu blockieren, so gut es die Dunkelheit und das nach Siegen so häufige Durcheinander erlaubte.

Kurt Christoph Graf Schwerin, preuß. Feldmarschall. Bleistiftzeichnung von Menzel.

Die Schlacht bei Prag begann um neun Uhr morgens und dauerte einschließlich der Verfolgung bis acht Uhr abends. Sie war eine der mörderischsten des ganzen Jahrhunderts. Die Österreicher verloren 24 000 Mann, darunter an Gefangenen 30 Offiziere und 5000 Mann, außerdem 11 Standarten und 60 Kanonen. Die Verluste der Preußen beliefen sich auf 18 000 Mann, darunter Feldmarschall Schwerin, dessen Verlust allein 10 000 Mann aufwog. Sein Tod ließ die Lorbeeren des Sieges welken: er war mit seinem Blute zu teuer erkauft. Bei Prag fielen auch die Säulen der preußischen Infanterie. Fouqué und Winterfeldt wurden schwer verwundet. Es fielen Hautcharmoy und Goltz, der Prinz von Holstein, Manstein vom Regiment Anhalts und zahlreiche tapfere Offiziere und altgediente Soldaten, zu deren Ersatz ein so blutiger und erbitterter Krieg keine Zeit ließ.

Einschließung von Prag

Am folgenden Morgen sandte der König den Obersten Krockow nach Prag, um die Stadt zur Übergabe aufzufordern. Der Oberst war höchst erstaunt, den Prinzen Karl von Lothringen dort zu finden und mit Sicherheit zu erfahren, daß 40 000 aus der Schlacht entkommene Österreicher in Prag eingeschlossen waren. Auf diese Nachricht hin mußte der König verschiedene Maßnahmen ergreifen. Er bemächtigte sich des Ziskaberges, wo nun der rechte Flügel der Armee sein Lager aufschlug. Von hier zog sich die preußische Stellung unter Benutzung aller nach Prag abfallenden Weinberge über Michle bis Podol an der Moldau. Dort wurde zur Sicherung der Verbindung mit Feldmarschall Keith eine Brücke geschlagen, desgleichen bei Branik an der unteren Moldau.

Prag kann eigentlich nicht als Festung gelten. Es liegt in einer Niederung und ist von Weinbergen und Felsen umgeben, die es von allen Seiten gleichmäßig beherrschen. Die Gräben sind trocken, die Festungswerke nur mit leichtem Mauerwerk bekleidet, die Brustwehren an vielen Stellen zu schmal, die Wallinien zu lang, und alles war während des Friedens stark vernachlässigt, so daß man die Werke an verschiedenen Stellen stürmen konnte. Andrerseits konnte die starke Besatzung nur in aller Form angegriffen werden. Dazu bedurfte es aber einer viel stärkeren Armee als der preußischen, die außerdem noch durch Entsendung notwendiger Detachements, auf die wir gleich eingehen werden, geschwächt war. Aus all diesen Gründen begnügte sich der König mit der Einschließung, um die Besatzung womöglich durch Hunger zur Übergabe zu zwingen. Er hoffte, die Getreidemagazine durch ein Bombardement in Brand schießen zu können, zog zu dem Zweck Mörser und Kanonen heran und ließ drei große Batterien errichten, eine auf dem Ziskaberge, die zweite vor Michle, die dritte bei der Stellung des Feldmarschalls Keith, nach dem Strohhof zu. Doch umsonst! In den Kasematten der Bastionen waren die Vorräte vor den preußischen Kanonen geschützt.

Während dieser Vorkehrungen zur Belagerung Prags war Feldmarschall Daun bis Böhmisch-Brod vorgerückt. Sofort sandte ihm der König Zieten entgegen, bald darauf auch den Herzog von Bevern mit 20 000 Mann, der erst nach Kaurzim, dann nach Kuttenberg marschierte und Daun immerfort zurückdrängte, so daß er schließlich bis Habern getrieben wurde. Doch mit jedem Schritt rückwärts kam der österreichische Heerführer seinen eigenen Hilfstruppen näher und konnte die bei der Schlacht von Prag versprengten Truppen, die sich über die Sazawa gerettet hatten, an sich ziehen.

Der König rekognosziert die feindlichen Stellungen.

Inzwischen schickte der König den Obersten Mayr mit seinen Freischaren und ungefähr 600 Husaren ins Reich, um die deutschen Fürsten einzuschüchtern, die Versammlung der Reichsarmee zu erschweren und zugleich

die Pedanten in Regensburg zu schrecken, deren beleidigende Geschwätzigkeit allen Regeln des Anstandes Hohn sprach. Mayr drang bis ins Bistum Bamberg ein, rückte bis Nürnberg vor, vertrieb aus Regensburg die hochfahrenden Reichsdeputierten, die sich als Richter von Königen aufspielten, und brach dann in die Oberpfalz ein. Der Kurfürst von Bayern und viele Fürsten erschraken über seinen Einfall und schickten Unterhändler an den König. Kurz, das ganze Deutsche Reich hätte die Partei der Kaiserin-Königin verlassen, wenn nicht einer jener gewöhnlichen Umschläge des Kriegsglücks den Preußen einen Streich gespielt hätte. Im weiteren Verlaufe des Krieges werden wir häufig solchen Wechselfällen begegnen, die bald die Hoffnungen der Preußen, bald die der Kaiserlichen vernichteten. Mittlerweile dauerte die Belagerung Prags fort. Die Stadt wurde beschossen, aber die Österreicher machten häufig Ausfälle. Durch die zahlreichen Bomben wurden einige Stadtteile arg beschädigt. Sogar eine feindliche Bäckerei ging in Flammen auf. Einstimmig berichteten die Überläufer, daß bereits Mangel an Lebensmitteln einträte und daß die Besatzung statt von Schlachtvieh von Pferdefleisch lebte. Ärgerlich war, daß sich weder mit Gewalt noch List gegen die Stadt etwas ausrichten ließ. Man mußte alles von der Zeit erwarten. Nur aus Hunger und Verzweiflung hätte der Prinz von Lothringen den Versuch machen können, sich mit der Waffe einen Weg durch die Preußen zu bahnen, waren doch die Quartiere der Belagerer wegen ihrer starken Verschanzungen unangreifbar. So hätte er sich denn nach einigen fruchtlosen Anstrengungen also doch ergeben müssen.

Der Plan, Prag mitsamt der eingeschlossenen Armee zu erobern, wäre indessen geglückt, hätte man ihm Zeit zum Reifen lassen können. So aber galt es, dem Feldmarschall Daun entgegenzutreten. Man mußte eine Schlacht liefern, und die ging verloren.

Wir verließen den Herzog von Bevern in seinem Lager in Kuttenberg und Feldmarschall Daun bei Habern. Dort erhielt dieser alle Verstärkungen, die der Wiener Hof aus den Garnisonen der Erbländer und von den ungarischen Truppen herbeiziehen konnte. Dazu kamen die Flüchtlinge aus der Prager Schlacht, so daß seine Armee von 14 000 Mann, die sie bei Beginn des Feldzuges gezählt hatte, nun auf 60 000 anwuchs. Die starke Vermehrung seiner Streitkräfte warf alle bisherigen Pläne des Königs um. Er mußte den Herzog von Bevern unbedingt unterstützen, wenn dieser sich gegen eine dreifache Übermacht behaupten sollte. Andrerseits war eine Schwächung der

Belagerungsarmee gewagt, da sie einen weiten Umkreis zu verteidigen hatte und die in der Stadt eingeschlossenen 40 000 Mann von Tag zu Tag einen Ausfall machen konnten. Dennoch erübrigte man durch sparsame Besetzung und teilweise Zusammenziehung oder Verstärkung der Stellungen 10 Bataillone und 20 Schwadronen. Dies Detachement durfte sich zwar von Prag entfernen, aber nicht zu lange, oder die Blockade mußte darunter leiden. Wollte man Prag und die darin eingeschlossene Armee in seine Gewalt bekommen, so mußte Feldmarschall Daun aus jener Gegend unbedingt vertrieben werden. Die Belagerungstruppen hatten zwar günstige Stellungen, um Ausfälle zurückzuweisen, bildeten aber nur ein einziges Treffen, und es wäre ihnen daher nicht möglich gewesen, sich in Front und Rücken zugleich zu verteidigen. Auch wäre den Belagerern, hätten sie sich rings um Prag selbst einschließen lassen, die Fourage ausgegangen, die sich die Kavallerie schon vier bis fünf Meilen weit vom Lager suchen mußte. Aus diesen triftigen Gründen beschloß der König, sich persönlich an die Spitze des Hilfskorps zu setzen, das zum Herzog von Bevern stoßen sollte. Er wollte sich an Ort und Stelle selber ein Urteil bilden, was am besten zu tun sei.

Am 13. Juni brach der König von Prag auf und marschierte über Schwarz-Kosteletz auf Malotitz. Seine Absicht war, Kolin zu erreichen, um sich mit dem Herzog von Bevern zu vereinigen. Jedoch stieß er bei Zasmuk auf eine starke feindliche Abteilung unter Nadasdy, die den Herzog von Bevern eigentlich schon von der preußischen Armee abschnitt. Bald darauf entdeckte man in der Ferne auf der Straße nach Kolin zwei Kolonnen, die in der Richtung auf Kaurzim marschierten. Durch abgesandte Kundschafter erfuhr man, es sei der Herzog von Bevern, der zur Vereinigung mit dem Heere des Königs heranrücke. Es war schon gegen Abend, und die Nacht brach herein, ohne daß der

Herzog herankam. So mußte sich der König damit begnügen, ein Lager aufzuschlagen, so gut es die Dunkelheit erlaubte. Allerdings war er erstaunt über die völlig unerwartete Bewegung des Herzogs. Sie hatte indes folgende Gründe.

Der Herzog war von Nadasdy am 13. Juni bei Kuttenberg angegriffen worden und hatte ihn zurückgeschlagen. Gleichzeitig aber hatte Feldmarschall Daun die preußische Flanke zu umfassen versucht. Dieser Umgehung hatte der Herzog sich entzogen, indem er seine Stellung bei Kuttenberg mit der bei Kolin vertauschte. Dort erhielt er die Meldung, daß die bei Wysok lagernden Österreicher sich für den folgenden Morgen zum Angriff anschickten. Um sich dieser Gefahr nicht auszusetzen, zog er es vor, dem preußischen Hilfskorps entgegenzurücken, dessen Anmarsch ihm gemeldet war. Am nächsten Tage sollten die Wege nach Wysok rekognosziert werden, um Gewißheit über die Stellung des Feindes zu erlangen. Das mißlang aber wegen der dichten Wälder, die zudem voller Panduren waren.

Das Gelände des preußischen Lagers war nicht vorteilhaft genug, um den Feind in gesicherter Stellung zu erwarten. Daher beschloß der König, nach Swojschitz zu rücken, wo die Gegend zur Verteidigung geeigneter war. Kaum aber war die Armee zur Besetzung dieser Stellung abmarschiert, so tauchte das Heer des Feldmarschalls Daun auf und formierte sich bei Swojschitz in einer Art Dreieck. Der linke Flügel zog sich nach Zasmuk, der rechte nach der Elbe zu. Die Front lag den Orten Kaurzim und Malotitz gegenüber. Sie war von einer sumpfigen Wiese gedeckt, durch die sich ein morastiger Bach schlängelte. Die veränderte Stellung des Feindes zwang auch den König zur Änderung seiner Dispositionen. Die Armee schlug eine andere Richtung ein, zog sich mehr links auf Nimburg und lagerte dort in der Weise, daß sie links von ihrer Front Planjan und rechts Kaurzim hatte. Dieser Ort wurde zur

Deckung der Flanke mit einem Bataillon besetzt. Bei Planjan stieß man auf ein österreichisches Korps, das offenbar einen Handstreich auf die preußischen Magazine bei Nimburg plante. Es wurde aber zum Rückzug gezwungen und nahm Stellung auf einer Anhöhe hinter Planjan, wo es die Nacht über blieb.

Des Königs Lage wurde von Tag zu Tag mißlicher und schwieriger. Seine Stellung taugte nichts, sein Lager war schmal und an die Berge gedrängt. In der Front war es freilich unangreifbar wegen des Morastes und des Baches, die beide Armeen trennten. Aber sein rechter Flügel war bei Kaurzim schlecht angelehnt, und Feldmarschall Daun hätte ihn jederzeit umgehen können, sobald er von Zasmuk auf Malotitz rückte. Hätte er das getan, so wäre er den Preußen in die Flanke gekommen und hätte sie rettungslos niedergehauen. Außerdem waren eine Menge entgegengesetzter Maßnahmen zu treffen, die gar nicht alle auf einmal ausführbar waren, und doch durfte keine von ihnen ohne schweren Nachteil unterlassen werden. So mußte man die Magazine von Brandeis und Nimburg sichern, aus denen die Beobachtungsarmee ihr Brot bezog, mußte die Belagerungsarmee vor Prag decken, d.h. mit einem schwachen Korps eine doppelt überlegene Armee daran hindern, Detachements nach Prag zu schicken oder selbst heranzurücken. Denn je mehr der Feind die Schwäche der Preußen durchschaute, desto mehr hatten sie auf die Dauer eine Niederlage zu befürchten. Selbst wenn sie sich in der eingenommenen Stellung behaupteten, konnten sie Feldmarschall Daun doch nicht an der Absendung eines großen Detachements hindern, das längs der Sazawa vorrücken und den Preußen im Lager zwischen Branik und Michle in den Rücken fallen konnte. Dann wäre die Belagerungsarmee zwischen zwei Feuer geraten. Sie wäre im Rücken angegriffen worden, und zugleich hätte der Prinz von Lothringen einen Ausfall aus Prag gemacht. Dabei wäre sie wohl gänzlich geschlagen worden. Änderte der König aber seinen Entschluß und hielt es für geratener, sich auf Schwarz-Kosteletz oder Böhmisch-Brod zurückzuziehen, so fand er dort allerdings bessere Lagerplätze, aber die anderen erwähnten Unzuträglichkeiten blieben die gleichen. Denn näherte er sich der Elbe, so deckte er zwar die Magazine, ließ aber den Weg nach Prag offen. Zog er sich hingegen mehr auf die Sazawa zurück, so deckte er zwar die Belagerungsarmee besser, gab aber die Magazine preis und verließ obendrein eine zum Fouragieren geeignete Gegend, um sich in einem ausgesogenen Lande zusammenzupferchen, wo alle Lebensmittel aufgezehrt waren.

Andere, noch wichtigere Bedenken traten hinzu. Feldmarschall Daun führte eine Armee von 60 000 Mann, die die Kaiserin-Königin mit großen Kosten zusammengebracht hatte. Aller Wahrscheinlichkeit nach hätte es der Wiener Hof nicht ungestraft zugelassen, daß die Preußen im Angesicht einer solchen Truppenmacht den Prinzen von Lothringen mit 40 000 Mann zu Kriegsgefangenen machten. Wußte man doch bereits, daß Feldmarschall Daun Befehl hatte, zum Entsatz des Prinzen das Äußerste zu wagen. So blieb dem König eigentlich nur die Wahl zwischen zwei Entschlüssen. Entweder er überließ es dem Feinde, die preußischen Truppen in ihren Stellungen anzugreifen, oder er kam dem Feinde selbst mit einem Angriff zuvor. Bedenkt man ferner, daß die Einnahme Prags jetzt nach der Verstärkung des Feldmarschalls Daun ohne einen zweiten Sieg unmöglich war, daß es aber die Waffenehre preisgeben hieß, wenn man die Belagerung beim Anrücken des Feindes aufhob, so war das schlimmste, was im Fall eines feindlichen Sieges geschehen konnte, der Verzicht auf diese Belagerung.

Aber ein noch viel triftigerer Grund zwang den König zu einem entscheidenden Schlage. Gewann er nämlich noch eine Schlacht, so war seine völlige Überlegenheit über die Kaiserlichen besiegelt. Dann hätten die ohnedies schwankenden und unentschiedenen Reichsfürsten ihn um Bewilligung der Neutralität angefleht. Die Operationen der Franzosen in Deutschland wären gestört worden und vielleicht ganz zum Stillstand gekommen. Schweden wäre friedfertiger und vorsichtiger geworden. Ja, selbst der Petersburger Hof hätte sich seine Schritte noch überlegt. Denn der König hätte dann seine Armee in Ostpreußen und sogar die des Herzogs von Cumberland unbedenklich verstärken können.

Alle diese gewichtigen Gründe bewogen den König, Feldmarschall Daun am nächsten Tage in seiner Stellung anzugreifen.

Kolin

Am 18. Juni frühmorgens brach die Armee auf. Sofort vertrieb Tresckow mit der Avantgarde das feindliche Korps, das sich am Tage vorher auf den Anhöhen hinter Planjan gelagert hatte. Damit mußte begonnen werden, um die Straße nach Kolin frei zu machen, auf der die Armee in zwei Kolonnen vorrücken sollte. In zwei Treffen marschierte sie der feindlichen Front gegenüber links ab.

Geplänkel zwischen preußischen und österreichischen Husaren.

Sobald der Feldmarschall Daun den Anmarsch bemerkte, änderte er seine Stellung, brach rechts ab und zog auf den Höhenkämmen nach Kolin zu. Vor der preußischen Armee hatte sich Nadasdy mit 4000 bis 6000 Husaren aufgestellt. Eine Kavallerieabteilung drängte ihn Schritt für Schritt zurück, aber der Marsch der Kolonnen wurde dadurch sehr aufgehalten. Indes trieb man die leichten Truppen immer weiter vor sich her, bis eine Anhöhe erreicht war, die man notwendig besetzen mußte, um den Feind anzugreifen.

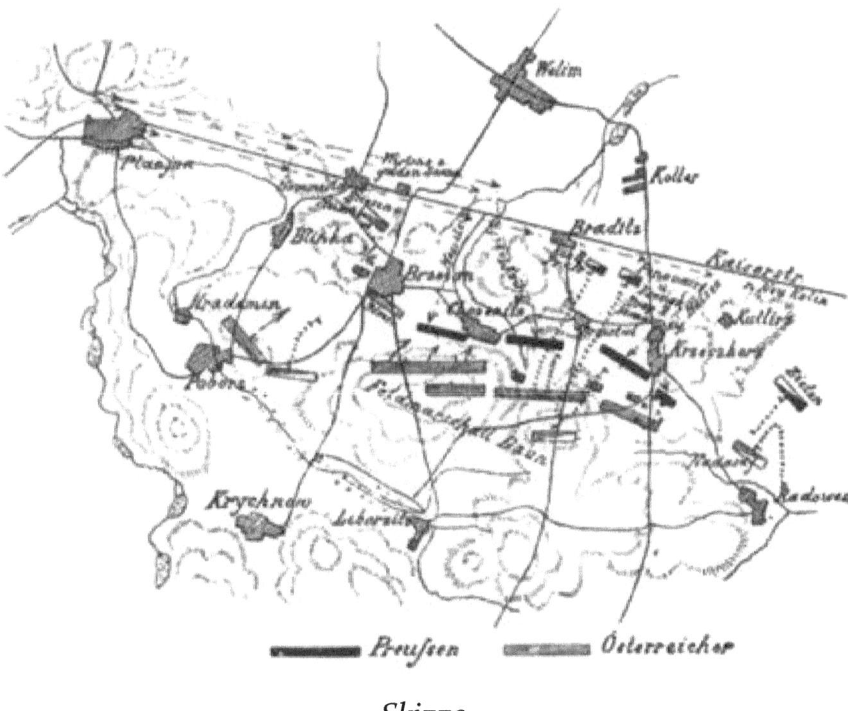

Skizze

Da die Truppen nicht so schnell anlangten, wie es zum Gelingen wünschenswert gewesen wäre, benutzte der König die Frist, um die Generale zu versammeln und mit ihnen den Schlachtplan zu verabreden. An der Straße nach Kolin, auf der die Preußen vorrückten, lag ein Wirtshaus, von dem man einen deutlichen Einblick in die Aufstellung Dauns hatte und alle Teile des Schlachtfeldes übersehen konnte. Dort traf der König seinen Entschluß und befahl den Angriff auf den rechten feindlichen Flügel, der keine gute Anlehnung hatte. Zudem bot das Gelände dort keine großen Schwierigkeiten. Die österreichische Front zog sich über steile, abschüssige Felsen, an deren Fuß einige von Panduren besetzte Dörfer über die Ebene verstreut lagen. So unangreifbar der Feind hier war, so leicht war ein Stoß gegen seinen rechten Flügel. Der Angriff des linken preußischen Flügels sollte von der bereits besetzten Anhöhe erfolgen. Davor lag ein einsamer, von Kroaten besetzter Friedhof, den man zunächst nehmen mußte. Hielt man sich von da etwas links, so kam man der Armee des Feldmarschalls Daun in die Flanke und in den Rücken. Da die gesamte preußische Infanterie den Angriff unterstützen mußte, sollte der ganze rechte Flügel dem Feinde versagt werden. Deshalb verbot der König den dort kommandierenden Offizieren aufs strengste, über die Straße nach Kolin vorzugehen. Das war um so klüger, als die dem rechten preußischen Flügel gegenüberstehenden Österreicher ein ganz unzugängliches Terrain besetzt hielten. Hätten die Truppen die Anordnung des Königs befolgt, so hätte er während der Schlacht jederzeit Bataillone nach Bedarf zur Unterstützung der Brigaden heranziehen können, die den ersten Angriff unternahmen. Außer den erwähnten Maßnahmen erhielt Zieten Befehl, Nadasdy mit 40 Schwadronen die Spitze zu bieten, damit dieser die preußische

Infanterie ungestört ließ. Die übrige Kavallerie wurde hinter der Infanterie als Reserve aufgestellt.

Nachdem alle Anordnungen getroffen waren, ging Hülsen mit 7 Bataillonen und 14 Geschützen zum Angriff vor. Von den übrigen 21 Bataillonen standen 15 im ersten und 6 im zweiten Treffen. Das war also der Schlachtplan, bei dessen Befolgung die Preußen gesiegt hätten. Aber man höre, was geschah!

Zieten griff Nadasdy an, schlug ihn völlig und verfolgte ihn bis Kolin, so daß dieser von der österreichischen Armee abgedrängt wurde und während der ganzen Schlacht die Operationen des Königs nicht mehr durchkreuzen konnte. Um 1 Uhr nachmittags griff Hülsen den Friedhof und das Dorf Krczeczhorz von der Höhe herab an, ohne großen Widerstand zu finden. Dann eroberte er zwei Batterien von je 12 Geschützen.

So ging beim ersten Angriff alles den Preußen nach Wunsch. Dann aber wurden Fehler begangen, die den Verlust der Schlacht herbeiführten. Prinz Moritz, der den linken Flügel der Infanterie führte, stellte sich 1000 Schritt von jener Anhöhe auf, anstatt das eben von Hülsen eroberte Dorf zur Anlehnung zu benutzen. Seine Schlachtlinie hing also gleichsam in der Luft. Der König bemerkte es noch rechtzeitig und führte sie bis an den Fuß der Anhöhe. Da man schon lebhaftes Feuer auf dem rechten Flügel vernahm, war Eile vonnöten, und weil sich nichts anderes bot, füllte der König die Lücken des ersten Treffens mit den Bataillonen aus dem zweiten Treffen aus. Dann ritt er schleunigst zum rechten Flügel, um zu sehen, was es dort gab. Er fand, daß Manstein, der schon in der Schlacht bei Prag mit seiner Brigade so unzeitig angegriffen hattet, hier wieder in denselben Fehler verfallen war. Manstein hatte im Dorf Chozenitz an der Straße, auf der er mit seiner Kolonne marschierte, Panduren bemerkt. Sogleich packte ihn die Lust, sie daraus zu vertreiben. Gegen den Befehl dringt er in das Dorf ein, vertreibt den Feind, verfolgt ihn, gerät in das Kartätschenfeuer der österreichischen Batterien und wird seinerseits angegriffen. Der rechte Flügel der Infanterie rückt ihm zur Hilfe.

Als der König an Ort und Stelle ankam, war der Kampf schon so ernstlich im Gange, daß er die Truppen nicht mehr zurückziehen konnte, ohne sie einer Niederlage auszusetzen. Bald darauf wurde auch der linke Flügel mit dem Feind handgemein, obwohl es die Generale hätten verhindern können. Nun wurde die Schlacht allgemein, und was das schlimmste war, der König mußte sich mit der Rolle des Zuschauers begnügen, da er nicht ein einziges Reservebataillon übrig behielt. Feldmarschall Daun benutzte die Fehler der Preußen als großer Feldherr. Er zog hinter seiner Front die Reserven vor, die nun ihrerseits den bisher siegreichen Hülsen angriffen. Trotzdem hielt Hülsen sich noch, und hätte man ihm nur vier frische Bataillone zu Hilfe schicken können, so war die Schlacht gewonnen; denn er warf auch die österreichische Reserve zurück. Darauf sprengte das Dragonerregiment Normann in die feindliche Infanterie, zerstreute sie und eroberte 5 Fahnen, griff die sächsischen Garde-Karabiniers an und trieb sie bis nach Kolin.

Mittlerweile machte die preußische Infanterie sowohl im Zentrum wie auf dem rechten Flügel Fortschritte, errang aber keinen entscheidenden Erfolg. Alle Bataillone hatten stark unter dem Geschütz- und Gewehrfeuer gelitten. Sie waren um die Hälfte gelichtet und hatten dreimal so große Abstände, als es hätte sein dürfen. Da kein zweites Treffen und keine Reserve zur Ausfüllung der Lücken vorhanden war, mußte man Kürassierregimenter heranziehen. Sie wurden in einiger Entfernung hinter die Lücken postiert. Das

Kavallerieregiment Prinz von Preußen griff sogar eine große feindliche Infanteriemasse an und hätte sie auch aufgerieben, hätte nicht in diesem Augenblick eine Batterie ihr Kartätschenfeuer auf das Regiment gerichtet. Nun prallte es in Verwirrung zurück und warf die hinter ihm stehenden Regimenter Bevern und Prinz Heinrich über den Haufen. Der Feind bemerkte das Durcheinander und trieb sofort seine Kavallerie vor. Sie benutzte den rechten Moment und machte die Verwirrung allgemein.

Der König wollte sie durch Kürassiere attackieren lassen, die in der Nähe standen und die die Schlappe zum Teil wieder hätten wettmachen können, aber er brachte sie nicht vom Fleck. Nun wandte er sich an zwei Schwadronen vom Dragonerregiment Meinicke, die der feindlichen Kavallerie in die Flanke fielen und sie bis an den Fuß der Höhen zurücktrieben. Von der ganzen Infanterielinie war nichts mehr übrig als das erste Bataillon Garde, das am rechten Flügel noch standhielt. Es hatte vier feindliche Infanteriebataillone und zwei Kavallerieregimenter, die es umzingeln wollten, zurückgeworfen. Aber ein Bataillon, und wäre es noch so tapfer, kann nicht allein eine Schlacht gewinnen. Noch behauptete sich Hülsen mit seiner Infanterie und einiger ihm zu Hilfe gesandter Kavallerie auf der Stelle, von der er die Österreicher bei Beginn der Schlacht vertrieben hatte. Er hielt sich bis 9 Uhr abends; dann mußte er ebenso wie die ganze Armee den Rückzug antreten. Prinz Moritz führte die Truppen nach Nimburg und ging dort über die Elbe, ohne daß ein einziger feindlicher Husar ihm gefolgt wäre.

Die Schlacht bei Kolin kostete den König 8000 Mann seiner besten Infanterie. Er verlor 16 Kanonen, deren Pferde gefallen waren und die man nicht hatte fortschaffen können.

Rückmarsch aus Böhmen

Nachdem der König den Generalen die Rückzugsbefehle erteilt hatte, eilte er dorthin, wo er am nötigsten war: zu der Armee vor Prag. Er konnte sie erst am Abend des folgenden Tages erreichen und traf sofort Anstalten zur Aufhebung der Belagerung, die sich nach der Niederlage bei Kolin nicht länger fortsetzen ließ.

Das Eigenartige bei der Schlacht von Kolin war, daß die österreichische Infanterie sich bereits zum Rückzug anschickte und die Kavallerie gleichfalls zurückgehen wollte, als ein Oberst Ayassasa aus eigenem Antrieb die preußische Infanterie mit seinen Dragonern angriff, in dem Augenblick, wo sie durch die Kürassiere vom Regiment Prinz von Preußen in Unordnung geraten war. Dieser Erfolg machte den schon erteilten Rückzugsbefehl rückgängig. Ohne Zweifel befanden sich die Österreicher nach einer so erbitterten Schlacht in solcher Verwirrung, daß sie die Preußen nicht verfolgen konnten. Trotzdem blieben sie Sieger. Bei größerer Entschlossenheit und Tatkraft hätte Feldmarschall Daun mit seinem Heer schon am 20. Juni vor Prag sein können, und die Folgen der Schlacht von Kolin wären für die Preußen dann noch verhängnisvoller geworden als die Niederlage selbst.

Früh am Morgen des 20. Juni hoben die Preußen die Belagerung auf. Das Korps, mit dem der König nach Brandeis marschiert war, lagerte am folgenden Tage bei Neu-Lysa, wo es sich mit den Trümmern der Truppen von Kolin vereinigte. Die Vermutung, Feldmarschall Daun würde nun gegen die Armee des Königs und der Prinz von Lothringen gegen die des Feldmarschalls Keith vorgehen, war irrig. Die Österreicher verloren viel Zeit mit dem Vorschieben ihrer Magazine, und erst nach acht Tagen vereinigten sich die beiden österreichischen

Heere bei Brandeis. Der Prinz von Preußen übernahm das Kommando der Armee bei Neu-Lysa und marschierte mit ihr über Jung-Bunzlau nach Böhmisch-Leipa. Der König dagegen schlug den Weg nach Melnik ein, um sich mit Feldmarschall Keith zu vereinigen und ihm Verstärkung zuzuführen. Bei Leitmeritz ging er über die Elbe, ließ aber, um seine Verbindung mit dem Prinzen von Preußen nicht zu verlieren, den Prinzen Heinrich mit einem Detachement bei Trebautitz am rechten Elbufer. Die Armee des Königs breitete sich in der Ebene zwischen Leitmeritz und Lobositz aus.

Anfang Juli näherte sich Nadasdy den Preußen. Er lagerte bei Gastorf, dem Korps des Prinzen Heinrich gegenüber, und gab sich alle Mühe, die Verbindung zwischen den preußischen Lagern bei Leitmeritz und Böhmisch-Leipa zu unterbrechen. Das gelang ihm auch leicht: er sandte seine Panduren ringsum in die Wälder und nach den zahlreichen Defileen, die sich in jenem Teil Böhmens befinden. Auf dem linken Elbufer erschien nur ein kleines österreichisches Korps unter Laudon. Der hatte sich mit 2000 Panduren am Fuße des Paschkopole eingenistet, von wo er die Landstraßen unsicher machte und die Detachements beunruhigte, sonst aber wenig erreichte.

Lebhafter ging es bei den Truppen des Prinzen von Preußen zu. Nachdem sich der Prinz von Lothringen mit Feldmarschall Daun vereinigt hatte, verließen beide Brandeis und folgten dem Prinzen von Preußen. Sie lagerten bei Niemes, umgingen die linke Flanke der Preußen und erreichten Gabel einen Tag vor ihnen. Das Schloß von Gabel verteidigte General Puttkamer, den der Prinz von Preußen mit vier Bataillonen dorthin detachiert hatte, um die Zufuhr für die Armee aus Zittau zu erleichtern. Hätte sich der Prinz von Preußen zum sofortigen Vormarsch aus Gabel entschlossen, so hätten die Österreicher durch ihre Bewegung nichts gewonnen. Aber da sich der

Prinz die Folgen nicht sogleich klargemacht hatte, so blieb er ruhig in seinem Lager und ließ den Feind machen, was er wollte. Feldmarschall Daun schickte ein Detachement von 20 000 Mann ab, das Puttkamer in Gabel angriff. Trotz tapferer Gegenwehr mußte sich Puttkamer am dritten Tage nach Eröffnung der Laufgräben aus Mangel an Unterstützung ergeben (15. Juli). Nachdem der Posten verloren war, sah der Prinz von Preußen seine Wichtigkeit ein: der gerade Weg aus seinem Lager nach Zittau geht nämlich über Gabel. Nun war ihm diese Straße verlegt, und es blieb ihm nur noch der Weg über Rumburg offen. Das war aber ein Umweg von einigen Meilen, abgesehen davon, daß man dort nur in einer Kolonne marschieren konnte. Das Heer mußte also diesen Weg einschlagen und verlor dabei einen Teil des Gepäcks und der Pontons, die auf den engen Straßen zwischen den Felsen zerbrachen. Der Prinz mußte bei seinem Marsche auf Zittau also einen Bogen beschreiben, während Daun auf der Sehne marschierte. Als Schmettau, der Führer der preußischen Avantgarde, sich Zittau näherte, fand er die Österreicher schon auf dem Eckartsberge postiert. Das war der Schlüsselpunkt der ganzen Gegend: er beherrschte die Stadt und ihre Umgebung. Die Armee des Prinzen von Preußen besetzte eine Anhöhe dem feindlichen Lager gegenüber. Zittau lag vor ihrem rechten Flügel zwischen den beiden Armeen, und der linke Flügel zog sich über den Hennersdorfer Berg. Der Prinz konnte die Stadt zwar halten, sie aber nicht vor Angriffen der Kaiserlichen schützen. Auf Anraten des Prinzen Karl von Sachsen ließ Daun Zittau bombardieren. Die Stadt hat enge Straßen und größtenteils Schindeldächer. Die fingen Feuer, und die brennenden Schindeln verbreiteten den Brand über verschiedene Stadtteile. Die Häuser stürzten ein, und ihre Trümmer sperrten die Straßen. Nun sah sich der Prinz von Preußen genötigt, die Besatzung herauszuziehen. Aber die Truppen auf der ihm entgegengesetzten Seite konnten sich durch die Flammen und Trümmer keinen Weg zur Armee bahnen, und so fielen Oberst Diericke mit 150 Pionieren und Major Kleist mit 80 Mann vom Regiment Markgraf Heinrich in Feindes Hand (23. Juli). Der Besitz von Zittau selbst war unwichtig. Schlimm war nur der Verlust eines bedeutenden Magazins, das niederbrannte. Denn ohne das Magazin konnte die Armee des Prinzen von Preußen Brot und Lebensmittel nur noch aus Dresden beziehen. Man hätte das Brot also zwölf Meilen weit ins Lager schaffen müssen, und da sich einem solchen Transport unübersteigbare Schwierigkeiten entgegenstellten, so mußte der Prinz sich seinen Lebensmitteln nähern. Er brach daher von Zittau auf, ohne vom Feind verfolgt zu werden, und wies der Armee eine Stellung in der Gegend von Bautzen an (27. Juli).

Verlustreicher Rückzug des preußischen Heeres aus Böhmen.

Sobald der König den Verlust von Gabel erfuhr, entschloß er sich zur Räumung von Leitmeritz und zum Rückzug nach Sachsen. Leitmeritz war leer, Munition und Proviant waren schon in Dresden angekommen. Da keine Zeit zu verlieren war, so ging Prinz Heinrich über die Elbe, vereinigte sich mit dem König, und die Armee lagerte zwischen Sullowitz und Lobositz. Nadasdy war der Nachhut des Prinzen gefolgt und griff die Feldwachen an, fand aber tapferen Widerstand und wurde mit Verlusten flugs über die Elbe zurückgeworfen. An den folgenden Tagen zog sich die Armee nach Hlinay und von da nach Nollendorf über Pirna zurück. Aussig und Tetschen wurden ohne Verluste geräumt. Der König ließ den Prinzen Moritz mit 14 Bataillonen und 10 Schwadronen zur Deckung des Passes von Berggießhübel zurück und marschierte mit dem Rest der Truppen nach Bautzen, wo er sich mit dem Prinzen von Preußen vereinigte (29. Juli). Der Prinz, der krank geworden war, verließ die Armee und siechte seitdem dahin. Sofort rückte der König mit einem Detachement von Bautzen nach Weißenberg und vertrieb von dort Beck, der sich auf Bernstadt zurückzog. Die Maßregeln zur Neuordnung der Verpflegung und zur Anschaffung neuer Proviantwagen hielten den König vierzehn Tage lang auf.

Dabei war er rechts durch die Fortschritte der Franzosen und links durch die der Russen bedrängt. Da er also einige Detachements fortschicken mußte, so kam er auf den Gedanken, die Österreicher anzugreifen und sich womöglich von ihnen zu befreien, bevor er sich durch jene Absendungen schwächte. So brach er denn am 15. August nach Bernstadt auf. Die linke Kolonne führte der König, die rechte der Herzog von Bevern. Fast hätten sie Beck auf einer Höhe bei Sohland umzingelt. Der Freischarenführer rettete sich indes mit Verlust eines Teiles seiner Mannschaft.

Von Bernstadt detachierte der König 6 Bataillone nach Görlitz und marschierte mit dem Gros der Armee stracks auf die Österreicher los (16. August). Feldmarschall Daun stand noch auf dem Eckartsberg und ließ die Truppen nur eine Schwenkung machen, um seine Front den Preußen parallel zu richten. Seine Stellung war unangreifbar. Auf der linken Flanke lag ein bastionsartiger Berg, der mit 60 zwölfpfundigen Kanonen gespickt war und die Hälfte der österreichischen Armee bestrich. Vor der Front zog sich der tiefe Grund des Wittgenbaches mit steilen Felswänden. Drei Straßen führten durch die Ortschaft Wittgendorf auf den Feind zu. Nur die breiteste bot Raum genug für einen Wagen. Der rechte Flügel des Feldmarschalls lehnte sich an die Neiße. Am jenseitigen Ufer stand Nadasdy mit der Reserve auf einer Anhöhe und konnte von dort aus mit 20 schweren Geschützen die ganze Front der Kaiserlichen bestreichen. Beide Armeen waren nur durch die Schlucht des Wittgenbaches getrennt. Der Tag verstrich unter gegenseitiger Kanonade. Am folgenden Morgen schob der König ein Korps unter Winterfeldt bei Hirschfelde über die Neiße vor, um zu rekognoszieren, ob man Nadasdy nicht in ein Gefecht verwickeln könnte. Dann hätte Feldmarschall Daun ihm zu Hilfe kommen müssen, und das hätte zu einer allgemeinen Schlacht geführt. Aber die Schwierigkeit des Geländes vereitelte das Vorhaben, und so mußte man den Plan fallen lassen.

Unter den obwaltenden Umständen wäre ein entscheidender Schlag für den König von großem Vorteil gewesen. Es war keine Zeit zu verlieren. Ein französisches Heer stand bei Erfurt, die Armee des Herzogs von Cumberland war bis Stade zurückgedrängt, und das Herzogtum Magdeburg sowie die Altmark standen den Einfällen der Franzosen offen. Eine schwedische Armee hatte die Peene bei Anklam überschritten, und die Reichstruppen waren im Anmarsch auf Sachsen. Allein es war bei dem schwierigen und unwegsamen Gelände unmöglich, den Österreichern eine Schlacht zu liefern, und da der König schleunigst einige Detachements abschicken mußte, sah er sich zum Rückzuge genötigt. Die Infanterie zog treffenweise ab, ohne daß der Feind es zu bemerken schien.

Die Armee marschierte nach Bernstadt (20. August) und lagerte auf den Höhen von Jauernick bis zur Neiße. Jenseits des Flusses dehnte sich Winterfeldts Korps bis Radmeritz aus. Der König übergab den Befehl über die Armee dem Herzog von Bevern, dem er Winterfeldt, seinen eigentlichen Vertrauensmann, zur Seite stellte. Nachdem er beiden die Deckung der schlesischen Grenzen ans Herz gelegt hatte, brach er selbst mit 18 Bataillonen und 30 Schwadronen auf, um den Franzosen und Reichstruppen entgegenzutreten.

Wider die Reichsarmee und die Franzosen

Der König marschierte nach Dresden. Von dort schickte er Seydlitz mit einem Husaren- und einem Dragonerregiment nach Leipzig zur Vertreibung Turpins, dessen leichte Truppen in der Gegend von Halle umherstreiften. Beim Anmarsch der Preußen zogen sich die Franzosen zurück, so daß Seydlitz in jener Gegend nichts mehr zu tun hatte und zwischen Grimma und Rötha wieder zum König stieß. Von Rötha marschierten die Truppen auf Pegau. Dorthin hatte der Feind zwei kaiserliche Husarenregimenter, Szecheny und Esterhazy, detachiert. Pegau liegt am anderen Ufer der Elster. Eine steinerne Brücke führt hinüber bis an das Stadttor. Der Feind hatte das Tor sowie einige Dächer der nächsten Häuser besetzt, um den Eingang zu sperren. Seydlitz ließ 100 Husaren absitzen und das Tor sprengen. Das ganze Regiment folgte nach und drang in voller Karriere in Pegau ein. Szekely und Kleist jagten durch die Stadt und zum entgegengesetzten Tore wieder hinaus. Dort stießen sie auf die beiden feindlichen Regimenter, die sich hinter einem Hohlweg aufgestellt hatten. Sie greifen sie an, werfen sie, verfolgen sie bis Zeitz und machen dabei noch 350 Gefangene (7. September).

Am nächsten Tage rückte die Armee des Königs auf Naumburg. Dort stieß die Avantgarde auf sechs der tags zuvor geschlagenen Schwadronen. Sie wurden bald zerstreut und verloren besonders viel Leute beim Übergang über die Saalebrücke bei Schulpforta. Die Brücke wurde ausgebessert, und die Preußen marschierten hinüber nach Buttstädt. Hier traf die Nachricht von der berüchtigten Konvention von Kloster Zeven ein, die der Herzog von Cumberland mit dem Herzog von Richelieu geschlossen hatte. Das schmachvolle Abkommen versetzte der Sache des Königs einen schweren Schlag. Seine sogenannte Armee bestand nur aus 18 000 Mann. Außerdem mußte er noch ein Detachement zur Deckung Magdeburgs oder zur Verstärkung der Besatzung abschicken. Da indessen Soubise in Erfurt stand, so wollte der König den Versuch machen, ihn von dort zu vertreiben. Dann war die Gefahr, seine Truppen zu schwächen, geringer. Aus diesem Grunde rückte er mit 2000 Pferden, einem Freibataillon und zwei Grenadierbataillonen gegen Erfurt (13. September). Er traute seinen Augen kaum, als er die französische Armee aus der Cyriaksburg vor seiner Nase abziehen sah, Soubise glaubte sich in Erfurt nicht sicher und ging tatsächlich nach Gotha zurück. Kaum war er fort, so ließ der König die Stadt zur Übergabe auffordern. Sie kapitulierte unter der Bedingung, daß der Petersberg neutral bleiben, die Stadt von den Preußen besetzt und die Cyriaksburg von den Feinden geräumt werden sollte.

Sobald die Truppen bei Erfurt eine Art befestigter Stellung eingenommen hatten, verließ Prinz Ferdinand von Braunschweig die Armee mit 6 Bataillonen und 7 Schwadronen, um Magdeburg zu decken und dem Herzog von Richelieu die Spitze zu bieten. Der Prinz konnte sich noch durch 6 Bataillone aus der Festung verstärken. Das aber waren die einzigen Maßnahmen, die man unter den obwaltenden Umständen treffen konnte. Sie waren schwach und unzulänglich genug angesichts von 60 000 Franzosen, besonders wenn der Feind hätte energisch vorgehen wollen.

Bald darauf mußte der König seine Armee durch eine abermalige Detachierung schwächen. Er sandte den Prinzen Moritz mit 10 Bataillonen und 10 Schwadronen nach Leipzig. Dort stand er gleichsam im Mittelpunkt, konnte im Notfall zum König oder zum Prinzen Ferdinand stoßen und ein Auge auf General Marschall haben, der mit 15 000 Österreichern bei Bautzen lagerte. Marschalls Korps flößte um so mehr Besorgnis ein, als die Lausitz offen lag und er leicht einen Einfall in die Kurmark, ja selbst einen Vorstoß gegen Berlin machen konnte. Auch von Pommern her war die Hauptstadt durch die Schweden bedroht, deren Vorrücken Manteuffel mit 500 Husaren und 4 Bataillonen aufzuhalten suchte.

Nach dem Abmarsch der beiden Korps aus dem Lager bei Erfurt blieben dem König nur noch 8 Bataillone und 27 Schwadronen. Hätte der Feind seine Schwäche gemerkt, so hätte er zweifellos etwas unternommen. Das aber mußte unter allen Umständen verhindert werden. Man griff deshalb zu den verschiedensten Mitteln, um die Bevölkerung von Erfurt und sogar die Franzosen über den wahren Sachverhalt zu täuschen. Man ließ also die Truppen gar nicht im Lager kampieren, verteilte die Infanterie auf die umhegenden Dörfer und wechselte verschiedentlich die Quartiere. Da nun die Regimenter jedesmal unter anderem Namen auftraten, so erschien die Zahl der Truppen, die die Spione dem Prinzen Soubise eifrig hinterbrachten, weit größer.

Zwei Tage nach der Einnahme von Erfurt machte der König mit 20 Husaren- und Dragonerschwadronen einen Rekognoszierungsritt auf Gotha, in der Absicht, die beiden mehrfach geschlagenen kaiserlichen Husarenregimenter von da zu vertreiben (15. September). Das gelang über Erwarten: die Furcht vor den Preußen beschleunigte ihren Rückzug. Dicht bei Gotha mußten sie durch einen Engpaß und verloren dabei 180 Mann. Ja, man verfolgte sie bis in die Nähe von Eisenach, wo Soubise sein Lager bezogen hatte. Dort war auch der Generalissimus der Reichsarmee, der Prinz von Hildburghausen, zu ihm gestoßen. Die herzogliche Familie war froh, die zudringlichen Gäste los zu sein, hatte sie doch ebenso über die Franzosen wie über die Österreicher zu klagen. Die Franzosen hatten schlimm auf dem Schlosse gehaust, ja sogar die Kanonen mit Gewalt weggenommen, und die österreichischen Offiziere hatten eine dreiste Sprache geführt und sich mit einer Arroganz betragen, die gegenüber souveränen Fürsten aus einem der ältesten deutschen Herrscherhäuser wenig passend war.

In Gotha blieb Seydlitz mit der Kavallerie, um die Bewegungen der Feinde im Auge zu behalten und das kleine Heer in Erfurt rechtzeitig zu benachrichtigen, damit es im Notfall noch vor dem Anmarsch des Gegners von Eisenach zurückgehen konnte. Wenige Tage danach wurde Seydlitz von einem weit überlegenen Korps angegriffen. Der Prinz von Hildburghausen wollte die Übernahme des Kommandos durch einen glänzenden Streich bekunden und hatte Soubise den Vorschlag gemacht, die Preußen aus Gotha zu vertreiben. So setzten sich denn beide mit den Grenadieren ihrer Armee, der österreichischen Kavallerie, Laudon und seinen Panduren und sämtlichen leichten französischen Truppen in Marsch. Seydlitz erfuhr noch rechtzeitig von ihrem Vorhaben. Die Feinde kamen alsbald heran. Eine Kavalleriekolonne umfaßte Gotha von rechts, indem sie sich auf dem

Kamme der nach Thüringen ziehenden Anhöhen hielt. Eine andere Kavalleriekolonne, Husaren an der Spitze, kam von links aus der Richtung von Langensalza. Die mittelste Kolonne bildeten Panduren und hinter ihnen die Grenadiere. Seydlitz hatte sich in einiger Entfernung von Gotha in Schlachtordnung aufgestellt, voran die Husaren, dahinter die Meinicke-Dragoner. Die Czettritz-Dragoner hatte er nach einem Engpaß eine halbe Meile hinter sich geschickt, mit dem Befehl, ein Glied zu formieren, um dem Feind eine möglichst breite Front vorzuspiegeln. Dessenungeachtet stand das Regiment durchaus nahe genug zur Deckung seines Rückzuges, falls er der Übermacht weichen mußte. Wirklich täuschte sein geschicktes und listiges Manöver den Prinzen von Hildburghausen. Er glaubte, die preußische Armee, die er für beträchtlich hielt, rücke zur Unterstützung von Seydlitz heran, und die lange Kavallerielinie, die er vor sich sah, würde sogleich über ihn herfallen. An dem unsicheren Benehmen der österreichischen Husaren erkannte Seydlitz, daß seine Kriegslist Eindruck gemacht hatte. Unmerklich drängte er den Feind zurück, gewann mit jedem Vorstoß Terrain und nötigte ihn zum Rückzuge durch den Engpaß, in dem die feindlichen Truppen schon vor einigen Tagen so viel zu leiden gehabt hatten. Zugleich zog sich die Kavalleriekolonne, die den rechten feindlichen Flügel bildete, wieder zurück. Nun sandte Seydlitz einige Husaren und Dragoner nach Gotha. Sie drangen gerade in dem Augenblick ein, wo der Prinz von Darmstadt sich mit den Reichstruppen zurückzuziehen begann. Dabei machten sie viele Gefangene.

Der hastige Rückzug des Prinzen von Darmstadt aus Gotha wäre für Soubise fast verhängnisvoll geworden. Er befand sich im Schloß und vermutete nicht, daß man die Stadt so schnell räumen würde. Er hatte gerade noch Zeit, sich aufs Pferd zu werfen und schleunigst zu fliehen. 160 Gemeine und drei höhere Offiziere fielen in die Hände der Preußen.

Beute machende preußische Husaren.

Jeder andere als Seydlitz hätte sich glücklich geschätzt, ohne Verlust sich aus der Klemme gezogen zu haben. Aber Seydlitz wäre mit sich selbst unzufrieden gewesen, hätte er nicht glänzend abgeschnitten. Dies Beispiel beweist, daß die Fähigkeit und Entschlossenheit eines Generals im Kriege entscheidender ist als die Zahl der Truppen. Ein mittelmäßiger Kopf hätte unter gleichen Umständen durch das imponierende Auftreten des Feindes den Mut verloren, wäre bei ihrem Anmarsch zurückgegangen und hätte die Hälfte seiner Leute bei einem Arrieregardengefecht verloren, das die überlegene feindliche Kavallerie schnellstens angefangen hätte. Durch die geschickte Aufstellung des Dragonerregiments, das er dem Feinde im fernen Hintergrunde zeigte, gelang es Seydlitz, sich so rühmlich aus seiner gefährlichen Lage zu befreien. Bis jetzt hatte der König die Dinge in der Schwebe lassen müssen. Er konnte nichts unternehmen und mußte alles von der Gunst der Zeit erwarten. Ruhig blieb er in Erfurt, bis er erfuhr, daß ein französisches Detachement der westfälischen Armee durch Hessen auf Langensalza marschierte. Die Ankunft dieses Korps, das ihm in den Rücken fallen konnte, durfte er nicht abwarten und beschloß daher, sich vorher zurückzuziehen. Da sich überdies das Gerücht verbreitete, Hadik zöge durch die Lausitz, um in die Mark einzufallen, so war Prinz Moritz genötigt gewesen, in Gewaltmärschen nach Torgau zu eilen, und mußte von dort wahrscheinlich bis Berlin vorrücken. Der König hatte also keinerlei Unterstützung zu erwarten. So schien ihm denn ein längeres Verweilen in Erfurt nicht ratsam. Um aber nichts zur Unzeit aufs Spiel zu setzen, zog er sich nach Eckartsberga zurück (11. Oktober). Dort erreichten ihn mehrere Kuriere aus Dresden mit der Meldung von Finck, das Marschallsche Korps sei im Begriff, Bautzen zu verlassen und Hadik zu folgen. Sicherlich war Prinz Moritz nicht stark genug, um beiden Gegnern zugleich Widerstand zu leisten. Der König entschloß sich also, ihm selbst Verstärkungen zuzuführen. So gingen denn die Truppen bei Naumburg über die Saale zurück. Feldmarschall Keith warf sich mit einigen Bataillonen nach Leipzig. Der König überschritt die Elbe bei Torgau und marschierte auf Annaburg. Dort erfuhr er: Berlin hätte sich mit einer Kontribution von 200 000 Talern von den Österreichern losgekauft, Hadik hätte sich schon vor der Ankunft des Prinzen Moritz zurückgezogen und Marschall stände unbeweglich in seinem Lager bei Bautzen. Des Königs erster Gedanke war, Hadik den Heimweg abzuschneiden. Zu dem Zweck eilte er nach Herzberg, aber dieser war schon nach Kottbus zurückgegangen. Da Prinz Moritz bereits auf dem Rückmarsche war, wollte der König auf ihn warten und blieb noch einige Tage in seiner Stellung, um sich über die weiteren

Pläne der Franzosen klar zu werden. Denn von ihnen hing es ab, ob er ihren Unternehmungen entgegentreten sollte oder, wenn der Feldzug in Thüringen zu Ende war, sich wieder nach Schlesien wenden und Schweidnitz entsetzen konnte, dessen Belagerung Nadasdy begonnen hatte.

Allein die Ereignisse zwangen den König zu Operationen, die er damals noch gar nicht voraussehen konnte. Der Abzug der Preußen aus Erfurt bewog Soubise, über die Saale zu gehen und sich Leipzig zu nähern. Die Meldung kam vom Feldmarschall Keith, der dringend um Hilfe ersuchte, so daß der König schleunigst zu ihm eilen mußte. Sofort marschierte er mit seinem kleinen Heer auf Leipzig, säuberte sogleich das rechte Ufer der Mulde von einigen Brigaden, die Custine dorthin vorgeschoben hatte, rückte dann in Leipzig ein (26. Oktober) und vereinigte sich mit Prinz Moritz und Prinz Ferdinand von Braunschweig. Dann setzte er sich sofort in den Besitz der großen Heerstraße nach Lützen. Am 30. Oktober war die Armee versammelt und lagerte bei Altranstädt, von wo Retzow zur Deckung des Defilees von Rippach abgesandt wurde. Noch in derselben Nacht brach der König auf, um den Feind in seinen rings um Weißenfels zerstreuten Quartieren zu überfallen; doch retteten sich alle, außer dem in Weißenfels selbst. Die drei Stadttore wurden angegriffen, mit dem Befehl an die Offiziere, sich unverzüglich der Saalebrücke zu bemächtigen, da man den wichtigen Übergang in der Hand haben wollte. Die Stadt wurde gestürmt und 500 Mann gefangen genommen, aber ein Teil der Besatzung entkam und setzte die bedeckte Brücke in Brand. Da sie ganz aus Holz bestand, fing sie leicht Feuer, und an Löschen war nicht zu denken, da der Feind am anderen Ufer, hinter Mauern versteckt, ein heftiges Musketenfeuer unterhielt und alle, die sich um die Rettung der Brücke bemühten, getötet oder verwundet wurden. Bald darauf erschienen neue Truppen am anderen Flußufer. Bei ihrer ständigen Zunahme sah man die Unmöglichkeit ein, an dieser Stelle den Übergang über die Saale zu erzwingen. Da aber erst die Spitze der Armee bei Weißenfels angelangt und das Gros noch auf dem Marsche war, so wurde es nach Merseburg dirigiert, in der Hoffnung, daß man die dortige Stadtbrücke benutzen könnte.

Als Feldmarschall Keith in Merseburg eintraf, sah er, daß die Franzosen sich dort bereits festgesetzt und die Brücke abgebrochen hatten. Er schwankte indes keinen Augenblick, zog mit einigen Bataillonen nach Halle, vertrieb die Franzosen von dort und stellte die gleichfalls zerstörte Brücke wieder her. So stand der rechte Flügel des preußischen Heeres bei Halle, das Zentrum gegenüber von Merseburg und der linke Flügel bei Weißenfels, gedeckt durch die Saale und durch zwei detachierte Korps, die zugleich die feindlichen Bewegungen im Auge behielten und die rückwärtigen Verbindungen über den Fluß sicherten. Zuerst ging Feldmarschall Keith bei Halle über die Saale. Schon auf diese Bewegung hin, die an sich noch gar keinen Nachteil für die Franzosen bedeutete, räumte Soubise das ganze Saaleufer und zog sich nach St. Micheln zurück. Den ganzen Tag und die folgende Nacht verwandten die Preußen zur Wiederherstellung der Brücken bei Weißenfels und Merseburg.

Am 3. November früh gingen der König und Prinz Moritz über die Saale und rückten zugleich mit Feldmarschall Keith auf Roßbach, wo sie sich vereinigen wollten. Unterwegs machte der König mit einem Teil der Kavallerie eine Rekognoszierung zur Erkundung der feindlichen Stellung. Sie war denkbar schlecht. Die dreisten Husaren drangen bis ins feindliche Lager, erbeuteten Kavalleriepferde und rissen Soldaten aus den Zelten. Solche Vorkommnisse, im Verein mit der Achtlosigkeit der französischen Generale, bestimmten den König zum Angriff am folgenden Tage.

Roßbach

Am 4. bei Morgengrauen verließ die Armee das Lager. Die gesamte Kavallerie bildete die Avantgarde. Als sie an die Stelle kam, wo der König tags zuvor das feindliche Lager beobachtet hatte, fand sie es nicht mehr vor. Zweifellos waren Soubise Bedenken über die Mängel seiner Stellung aufgestiegen, und er hatte sie noch in der Nacht gewechselt. Nun standen seine Truppen auf einer Anhöhe, vor der sich eine Schlucht hinzog. Der rechte Flügel lehnte sich an ein Gehölz, das durch einen Verhau und drei mit Geschützen besetzte Schanzen befestigt war. Der linke Flügel war von einem See umgeben, den man wegen seiner Größe nicht umgehen konnte. Zum Sturm auf eine so starke Stellung hatte der König zu wenig Infanterie. Bei etwas hartnäckigem Widerstand war sie nur mit einem Opfer von 20 000 Mann zu erobern. Der König sah ein, daß ein solches Unternehmen seine Kräfte überstieg. Er gab darum der Infanterie Befehl, in der Nähe zwischen Sümpfen hindurch zu marschieren, um das Lager bei Braunsdorf aufzuschlagen. Die Kavallerie folgte als Nachhut.

Sobald die Franzosen den Rückzug der preußischen Truppen bemerkten, schoben sie ihre Vorposten nebst Artillerie vor und eröffneten ein starkes, aber erfolgloses Geschützfeuer. Alles, was sie an Spielleuten und Trompetern hatten, blies Fanfare. Trommler und Pfeifer stimmten lustige Weisen an, als hätten sie bereits einen Sieg gewonnen. So verdrießlich dies Schauspiel auch für Leute war, die nie einen Feind gefürchtet hatten, so mußte man es unter den obwaltenden Umständen doch mit gleichgültigen Blicken betrachten und die deutsche Ruhe der französischen Leichtfertigkeit und Prahlerei entgegensetzen.

Noch in der Nacht zum 5. traf die Meldung ein, daß der Feind nach rechts abmarschiere. Die Husaren waren seit Tagesanbruch im Felde. Sie drangen in das eben von den Franzosen geräumte Lager und erfuhren von Bauern, daß die Franzosen den Weg nach Weißenfels eingeschlagen hätten. Kurz darauf stellte sich ein ziemlich bedeutendes Korps dem rechten preußischen Flügel gegenüber, anscheinend eine Arrieregarde oder eine Abteilung, die zur Deckung der Armee auf dem Marsche bestimmt war. Die Preußen gaben wenig darauf, da ihr Lager sowohl in der Front wie auf beiden Flügeln durch einen unüberschreitbaren Sumpf gedeckt und nur auf drei schmalen Straßen angreifbar war. So ließen sich beim Feind nur drei Pläne voraussetzen. Entweder konnte er sich aus Mangel an Lebensmitteln über Freiburg nach Oberthüringen zurückziehen, oder er schlug den Weg nach Weißenfels ein, wo jedoch die Brücken zerstört waren, oder aber er suchte Merseburg noch vor dem König zu erreichen, um ihm den Übergang über die Saale abzuschneiden. Nun aber stand die preußische Armee Merseburg viel näher als die Franzosen. Auch brauchte man einen Marsch der Franzosen auf Merseburg um so weniger zu fürchten, als er sicher zu einer Schlacht geführt hätte, von der man sich Erfolg versprechen konnte, da keine befestigte Stellung zu stürmen war.

Der König schickte viele Streifkorps aus und wartete in seinem Lager ruhig die Klärung der feindlichen Absichten ab. Denn eine einzige vorzeitige oder übereilte Bewegung hätte alles verdorben. Teils wahre, teils falsche Nachrichten, die die Patrouillen brachten, ließen die Ungewißheit noch bis gegen Mittag bestehen. Da tauchte plötzlich in einiger Entfernung die Spitze der französischen Kolonnen auf: sie wollten den linken preußischen Flügel umgehen. Ebenso unvermerkt verschwanden die Reichstruppen aus ihrem alten Lager. Nur das Korps, das man für die Nachhut gehalten hatte, und das in Wahrheit die Reserve St. Germains war, blieb den Preußen gegenüber stehen. Der König rekognoszierte nun persönlich den Marsch Soubises und gewann die Überzeugung, daß er auf Merseburg gerichtet sei. Die Franzosen rückten nur sehr langsam vor, da sie mehrere Bataillone in Kolonnen formiert hatten, die jedesmal bei einer Wegenge abbrechen mußten.

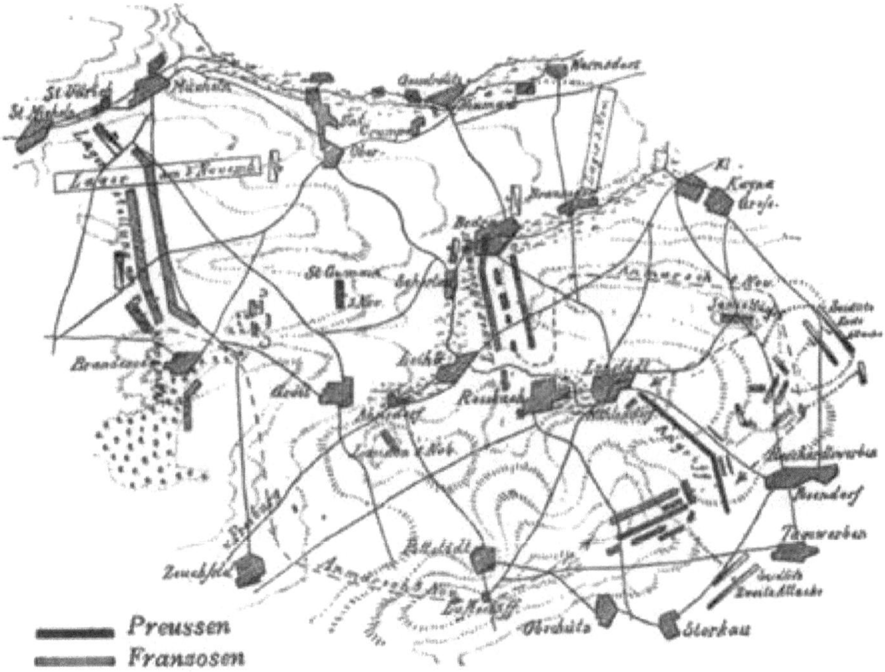

Skizze

Um zwei Uhr brachen die Preußen ihre Zelte ab, machten eine Viertelschwenkung nach links und setzten sich in Bewegung. Der König marschierte parallel neben Soubises Armee her. Seine Truppen waren durch den Sumpf gedeckt, der bei Braunsdorf beginnt, sich eine starke Viertelmeile weit erstreckt und 2000 Schritt vor Roßbach endet. Seydlitz bildete mit der gesamten Kavallerie die Avantgarde. Er hatte Befehl, die zahlreichen Mulden im Gelände zur Umgehung der französischen Kavallerie zu benutzen und sich auf die Spitze ihrer Kolonnen zu stürzen, bevor sie Zeit fänden, sich zu formieren. Dem Prinzen Ferdinand, der an diesem Tage den rechten Flügel der Armee kommandierte, konnte der König nur die Kavalleriefeldwachen des Lagers lassen. Er stellte sie, um dem Feinde zu imponieren, in einem Gliede auf. Das ging um so eher an, als der Braunsdorfer Sumpf den rechten Flügel teilweise deckte. So zogen beide Armeen parallel nebeneinander her und kamen sich dabei immer näher.

Das Heer des Königs hielt sich sorgsam auf einer kleinen Anhöhe, die auf Roßbach zuläuft. Die Franzosen dagegen, die die Gegend wohl nicht recht kannten, marschierten im Grunde. Auf dem Janushügel ließ der König eine Batterie auffahren, deren Feuer den Sieg entscheiden sollte. Gegenüber in der Niederung taten die Franzosen ein gleiches. Da sie aber bergauf schossen, so war die Wirkung gleich Null.

Während dieser beiderseitigen Manöver hatte Seydlitz den rechten feindlichen Flügel unbemerkt umgangen und sich mit Ungestüm auf die Kavallerie geworfen. Die beiden österreichischen Regimenter machten zwar Front und hielten den Anprall aus, wurden aber von den Franzosen mit Ausnahme des Regiments Fitz-James im Stich gelassen und fast vollständig aufgerieben.

Die Infanterie beider Armeen marschierte indes weiter. Ihre Spitzen waren nur 500 Schritt voneinander entfernt. Der König hätte sich gern in den Besitz des Dorfes Reichardtswerben gesetzt. Da die Entfernung aber immer noch 600 Schritt betrug und der Kampf jeden Augenblick beginnen konnte, so detachierte er Feldmarschall Keith mit 5 Bataillonen, seinem ganzen zweiten Treffen, dorthin. Der König selbst ritt bis auf 200 Schritt an die beiden französischen Treffen heran und sah, daß sie abwechselnd in Bataillonskolonnen und in aufmarschierten Bataillonen formiert waren. Der rechte Flügel Soubises hing sozusagen in der Luft. Da aber die preußische Kavallerie noch bei der Verfolgung der feindlichen Reiterei war, konnte man diesen Flügel nur mit Infanterie umfassen. Zu dem Zweck zog der König zwei Grenadierbataillone vor und ließ sie auf seiner linken Flanke einen Haken bilden, mit dem Befehl, in dem Augenblick, wo die Franzosen zum Angriff vorgingen, halb rechts zu schwenken. Dadurch mußten sie dem Feinde notwendig in die Flanke fallen. Pünktlich führten sie die Bewegung aus. Sobald die Franzosen zur Front einschwenkten, bekamen sie das Feuer der Grenadiere in die Flanke. Nachdem sie höchstens drei Salven des Regiments Alt-Braunschweig ausgehalten hatten, sah man ihre Kolonnen gegen den linken Flügel drängen. Bald hatten sie die zwischen ihnen stehenden aufmarschierten Bataillone zusammengedrückt. Von Minute zu Minute wurde die Infanteriemasse dichter, schwerfälliger und verwirrter, und je mehr sie sich auf ihre eigene Linke warf, um so mehr wurde sie von den preußischen Front überflügelt.

Während so die Verwirrung bei Soubises Truppen beständig zunahm, erhielt der König die Meldung, daß ein feindliches Kavalleriekorps in seinem Rücken auftauche. Schleunigst sammelte er die ersten Schwadronen, deren er habhaft werden konnte. Aber kaum hatten sie sich den im Rücken der Preußen erscheinenden Reitergeschwadern entgegengestellt, so gingen diese schleunigst zurück. Nun attackierten die Gardesdukorps und die Gensdarmen die schon in größte

Verwirrung geratene französische Infanterie, zersprengten sie mühelos und machten viele Gefangene. Diese Attacke fand gegen 6 Uhr abends statt. Das Wetter war trübe und die Dunkelheit schon so groß, daß eine Verfolgung unklug gewesen wäre, trotz des wilden Durcheinanders der Flucht. Der König begnügte sich damit, Kürassier-, Dragoner- und Husarenabteilungen, keine über 30 Mann stark, hinterdreinzuschicken.

Während des Kampfes hatten 10 Bataillone auf dem rechten preußischen Flügel mit geschultertem Gewehr dagestanden, ohne zu feuern. Prinz Ferdinand von Braunschweig, der sie kommandierte, hatte den Braunsdorfer Sumpf, der einen Teil seiner Front deckte, gar nicht verlassen, sondern nur die ihm gegenüberstehenden Reichstruppen mit einigen Kanonenschüssen verjagt. So waren also nur sieben preußische Bataillone ins Feuer gekommen, und die ganze Schlacht hatte bis zur Entscheidung nur anderthalb Stunden gedauert.

Am nächsten Tage bei Morgengrauen brach der König mit den Husaren und Dragonern auf, um den Feinden nachzusetzen. Sie hatten sich auf Freiburg zurückgezogen. Die Infanterie erhielt Befehl, auf derselben Straße zu folgen. Die feindliche Arrieregarde war noch in Freiburg. Die Dragoner saßen ab und vertrieben einige feindliche Abteilungen aus den Gärten. Dann traf man Anstalten zur Erstürmung des Schlosses, aber der Feind wartete das gar nicht erst ab, sondern zog sich eiligst über die Unstrut zurück und verbrannte die Brücke hinter sich.

Inzwischen kamen die kleinen Abteilungen, die der König am Abend der Schlacht abgesandt hatte, einzeln zurück. Sie brachten teils gefangene Offiziere, teils Soldaten, ja auch Kanonen mit. Keine einzige erschien mit leeren Händen. Unterdessen wurde die Brücke über die Unstrut schleunigst wiederhergestellt, so daß sie bereits binnen einer

Stunde wieder benutzbar war. Die Soubisesche Armee hatte sich aber auf so vielen Straßen zerstreut, daß man nicht wußte, auf welcher man sie verfolgen sollte. Da die Bauern versicherten, das Gros der Flüchtigen habe die Richtung nach Eckartsberga eingeschlagen, so marschierte der König dorthin. Den ganzen Tag über machte man immerfort neue Gefangene. Alle nach verschiedenen Seiten entsandten Detachements brachten welche ein. In Eckartsberga fand man aber ein Korps Reichstruppen, etwa 5000 bis 6000 Mann stark. Da der König keine andere Infanterie bei sich hatte als das Mayrsche Freibataillon, so legte er es nebst Husaren in ein Gehölz in der Nähe des feindlichen Lagers in einen Hinterhalt und befahl ihnen, den Feind die ganze Nacht durch zu beunruhigen. Verdrossen über die Störung ihrer Nachtruhe, räumten die Reichstruppen ihre Stellung und verloren dabei 400 Mann und 10 Kanonen. Lentulus, der ihnen am nächsten Tage bis Erfurt nachsetzte, nahm ihnen noch weitere 800 Gefangene ab und brachte sie zum König.

Die Schlacht bei Roßbach hatte Soubise 10 000 Mann gekostet, darunter 7000 Gefangene. Außerdem erbeuteten die Preußen 63 Kanonen, 15 Standarten, 7 Fahnen und ein Paar Pauken.

Das Verhalten der französischen Generale ist schwerlich zu billigen. Unstreitig hatten sie die Absicht, die Preußen aus Sachsen zu vertreiben. Aber lag es nicht viel mehr im Interesse ihrer Verbündeten, den König einfach festzuhalten, um dadurch Feldmarschall Daun und dem Prinzen von Lothringen Zeit zur vollständigen Eroberung Schlesiens zu verschaffen? Hätten sie den König nur noch eine kurze Weile in Thüringen hingehalten, so wäre die Eroberung nicht nur vollendet worden, sondern die Preußen hätten auch bei der vorgerückten rauhen Jahreszeit in Schlesien unmöglich noch die Erfolge erringen können, von denen wir gleich reden werden. Was aber die Schlacht selbst anlangt, in die sie sich so zur Unzeit einließen, so war es gewiß nur Soubises Unentschlossenheit und seinen verkehrten Anordnungen zuzuschreiben, wenn er sich von einer Handvoll Leute besiegen ließ.

Eigentlich gab die Schlacht von Roßbach dem König nur die Freiheit, in Schlesien neue Gefahren aufzusuchen. Die Bedeutung des Sieges lag bloß in dem Eindruck, den er auf die Franzosen und die Trümmer der Armee des Herzogs von Cumberland machte. Sobald Richelieu Nachricht von der Niederlage erhalten hatte, verließ er sein Lager bei Halberstadt und zog sich ins Kurfürstentum Hannover zurück. Die Truppen der Verbündeten hingegen, die schon die Waffen strecken wollten, schöpften neuen Mut und Hoffnung.

Der König kehrte von Eckartsberga nach Freiburg zurück. Gleichzeitig kam ein Detachement, das Feldmarschall Keith nach Querfurt gesandt hatte, von der Verfolgung der Franzosen wieder. Sogar die Bauern der Gegend brachten Gefangene ein. Sie waren erbittert über die Schandtaten, die die Soldaten Soubises in lutherischen Kirchen verübt hatten. Alles, was das Volk aufs höchste verehrte, war mit roher Unanständigkeit entweiht worden. Dies zügellose Benehmen der Franzosen hatte alle thüringischen Bauern zu Parteigängern der Preußen gemacht.

Marsch nach Schlesien

Indessen mußte der König von Freiburg aufbrechen. Die Lage in Schlesien erforderte seine Gegenwart und Hilfe. Er wollte stracks auf Schweidnitz marschieren, um Nadasdy zur Aufhebung der Belagerung zu zwingen. Am 13. November brach er mit 19 Bataillonen und 28 Schwadronen von Leipzig auf.

Gleichzeitig rückte Feldmarschall Keith mit einem kleinen Korps über Leitmeritz in Böhmen ein, um den Marsch des Königs durch die Lausitz zu erleichtern und Marschall durch diese Diversion zum Verlassen der Gegend von Bautzen und Zittau zu zwingen.

Bei seiner Ankunft in Görlitz (23. November) erhielt der König die schmerzliche Nachricht, daß sich Schweidnitz ergeben hatte. Zu keiner Zeit hätte dies Ereignis seine Pläne mehr durchkreuzen können. Jedenfalls aber wurde dadurch seine Vereinigung mit dem Herzog von Bevern um so nötiger, zumal leicht vorauszusehen war, daß sich Nadasdy nach der Einnahme von Schweidnitz mit Feldmarschall Daun vereinigen würde, um alles, was an Preußen noch bei Breslau stand, zu vernichten.

Der Herzog von Bevern hatte vom König gemessenen Befehl, den Feind anzugreifen und nicht zu dulden, daß Schweidnitz sozusagen vor seinen Augen erobert würde. Das war angesichts der österreichischen Stellung bei Lissa auch leicht auszuführen. Der Herzog konnte mit einer einzigen Bewegung dem Feind in die Flanke fallen und hätte ihn vermutlich geschlagen. Die Belagerung von Schweidnitz wäre dann aufgehoben und der Plan der Kaiserlichen durchkreuzt worden. Blieb er dagegen untätig stehen, so mußte die Festung, die auf keine Hilfe mehr zu hoffen hatte, schließlich kapitulieren. Dann konnten alle feindlichen Truppen vereint über die Preußen herfallen und ihre befestigte Stellung an der Lohe stürmen. Leider sah der Herzog das Zwingende dieser Gründe nicht ein. Immerhin bestimmten ihn eines Tages die Generale, den Angriff wenigstens zu versuchen. Er brach also aus dem Lager auf und schlug die leichten Truppen, die die rechte Flanke der Österreicher deckten. Um aber ihre Hauptarmee anzugreifen und in die Oder zu werfen, was sicher gelungen wäre, dazu hätte er weniger Unsicherheit und Ängstlichkeit und mehr

Selbstvertrauen haben müssen. So aber schreckte er vor einem Unternehmen zurück, dessen Ausgang nie völlig sicher ist. Er glaubte genug getan zu haben und führte seine Truppen in ihre Verschanzungen zurück.

Der König begrüßt seine Truppen auf dem Marsch gegen die Österreicher.

Am 24. November kam der König in Naumburg am Queis an. Dort erfuhr er den Sieg der Österreicher über den Herzog von Bevern und den Verlust Breslaus. Alles, was man dem Herzog vorhergesagt hatte, war leider nur allzu genau eingetroffen.

Der König erhielt all diese niederschmetternden Nachrichten auf einmal. Er ließ sich durch die Schicksalsschläge nicht niederdrücken, sondern sann nur auf Abhilfe und beschleunigte seinen Marsch, um das Oderufer möglichst bald zu erreichen. Unterwegs umging er Liegnitz, das die Österreicher befestigt hatten, und rückte stracks auf Parchwitz vor. Seine Avantgarde stieß unvermutet auf ein feindliches Detachement, schlug es gründlich und machte 300 Gefangene. Am 28. November traf er in Parchwitz ein. Er hatte den Marsch von Leipzig bis zur Oder in zwölf Tagen zurückgelegt. Kein Augenblick war zu verlieren. Man mußte die Österreicher um jeden Preis unverzüglich angreifen und aus Schlesien herauswerfen oder sich für immer in den Verlust der Provinz fügen. Die schlesische Armee konnte sich mit den Truppen des Königs erst am 2. Dezember vereinigen. Sie war mutlos und durch die eben erlittene Niederlage tief gedrückt. Man faßte die Offiziere bei ihrer Ehre, erinnerte sie an ihre früheren Siege, suchte durch Frohsinn den frischen Eindruck der traurigen Bilder zu verwischen. Selbst der Wein mußte zur Wiederbelebung der niedergeschlagenen Geister herhalten. Der König sprach mit den Soldaten und ließ unentgeltlich Lebensmittel verteilen. Kurz, er erschöpfte alle Mittel, die die Einbildungskraft ersinnen konnte und die die Zeit irgend erlaubte, um im Heere wieder Vertrauen wachzurufen, ohne das die Hoffnung auf Sieg eitel ist. Schon begannen die Gesichter sich aufzuhellen. Die Truppen, die soeben die Franzosen bei Roßbach geschlagen hatten, redeten ihren Kameraden zu, guten Mut zu fassen. Etwas Ruhe gab den Soldaten frische Kraft, und die Armee war bereit, bei der ersten Gelegenheit die am 22. erlittene Schmach wieder abzuwaschen. Der König suchte nach dieser Gelegenheit und fand sie bald.

Am 4. Dezember rückte er bis Neumarkt vor. Er hatte nur die Avantgarde der Husaren bei sich und erfuhr, daß der Feind seine Bäckerei in Neumarkt einrichte, daß die Stadt von Panduren besetzt sei und daß die Armee des Feldmarschalls Daun in kurzem erwartet werde. Erlaubte man dem Feinde die Besetzung der Höhen hinter Neumarkt, so gab man ihm einen großen Vorteil in die Hand. Andrerseits war es schwer, den Ort zu nehmen. Infanterie war nicht da und konnte auch nicht vor dem Abend heran sein. Außerdem hatte man keine Kanonen. Die Husaren waren die einzigen verfügbaren Truppen. Der König entschloß sich, aus der Not eine Tugend zu machen. Da er um keinen Preis zulassen wollte, daß der Prinz von Lothringen sich ihm zum Trotz gegenüber lagerte, ließ er einige Husarenschwadronen absitzen und das Stadttor sprengen. Ein Regiment folgte zu Pferde und drang in voller Karriere ein. Ein anderes Regiment erreichte durch die Vorstädte das Breslauer Tor, und das Unternehmen endigte mit der Gefangennahme von 800 Kroaten durch die Husaren. Sogleich wurde der Lagerplatz besetzt. Man fand dort Pfähle und Markierungen, die die österreichischen Ingenieure zur Absteckung der Truppenstellung hinterlassen hatten. Der Prinz von Württemberg übernahm den Befehl über die Avantgarde. Am Abend erhielt er 10 Bataillone Verstärkung, mit denen er bei Kammendorf ein Lager bezog. Noch am selben Tage zog die Kavallerie durch das Defilee von Neumarkt, während das Gros der Infanterie in Neumarkt und den umliegenden Dörfern kantonnierte. Da erhielt der König zuverlässige Meldung, der Prinz von Lothringen habe das Lager an der Lohe verlassen und sei bis über Lissa vorgerückt. Sein rechter Flügel lehne sich an das Dorf Nippern, der linke an Gohlau, und das Schweidnitzer Wasser decke seinen Rücken. Erfreut sah der König den Feind in einer Stellung, die die Ausführung seiner eigenen Absichten erleichterte. Denn er war gezwungen und entschlossen, die Österreicher überall anzugreifen, wo er sie fand, und wenn sie auf dem Zobtenberg gestanden hätten.

Leuthen

Sofort wurden die Anordnungen zum Vormarsch getroffen. Die Armee setzte sich am 5. vor Tagesanbruch in Bewegung. Voran rückte eine Avantgarde von 60 Schwadronen und 10 Bataillonen, an ihrer Spitze der König. Dicht dahinter folgte die Armee in vier Kolonnen, die Infanterie in der Mitte, die Kavallerie auf den Flügeln. Als die Avantgarde sich dem Dorfe Borne näherte, sah sie eine große Kavallerielinie vor sich, deren rechter Flügel sich nach Lissa hinzog, während der vorgeschobene linke Flügel sich an ein Gehölz rechts von der Armee des Königs lehnte. Anfangs hielt man diese Kavallerie für einen Flügel der österreichischen Armee, deren Zentrum man aber nicht entdeckte. Die Patrouillen versicherten, es wäre eine Avantgarde. Ja, man erfuhr sogar, daß sie von General Nostitz kommandiert würde und aus vier sächsischen Dragonerregimentern und zwei kaiserlichen Husarenregimentern bestände. Am sicher zu gehen, wurden die 10 Bataillone der Vorhut unvermerkt in das Gehölz gelegt, das die linke Flanke von Nostitz deckte. Dann warf sich die inzwischen aufmarschierte preußische Kavallerie mit Ungestüm auf den Feind. Im Nu wurden die Regimenter zerstreut und bis vor die Front der österreichischen Armee verfolgt. 5 Offiziere und 800 Mann wurden dabei gefangen genommen und an den Marschkolonnen entlang nach Neumarkt zurückgeschickt, um die Truppen durch diesen Erfolg anzufeuern. Nur mit Mühe zügelte der König das Ungestüm der Husaren, die ihre Kampflust vorwärts trieb. Sie wollten schon mitten in die österreichische Armee hereinbrechen, wurden jedoch in Kanonenschußweite vom Feinde zwischen den Dörfern Groß-Heidau und Frobelwitz wieder gesammelt.

Von dort sah man die kaiserliche Armee so deutlich, daß man sie Mann für Mann zählen konnte. Ihr rechter Flügel, der, wie man wußte, bei Nippern stand, war allerdings durch das große Gehölz bei Lissa verdeckt, aber vom Zentrum bis zum linken Flügel war alles zu übersehen. Beim ersten Anblick dieser Stellung ergab sich aus der Geländebeschaffenheit, daß der Hauptstoß sich gegen den linken Flügel des Feindes richten müsse, der sich, schlecht angelehnt, über den Sagschützer Kiefernberg zog. War diese Stellung erst gestürmt, so hatte man für den Rest der Schlacht das Gelände für sich; denn es fällt von dort aus immer weiter ab und senkt sich gegen Nippern herab. Ließ man sich dagegen mit dem Zentrum ein, so konnte der rechte österreichische Flügel durch das Lissaer Gehölz den Angreifern in die Flanke fallen. Jedenfalls hätte man zum Schluß einen Angriff auf den Kiefernberg machen müssen, da er die ganze Ebene beherrschte, hätte sich also das Härteste und Schwerste bis zuletzt aufgespart, wo die Truppen, ermattet und vom Kämpfen erschöpft, zu großen Anstrengungen nicht mehr imstande sind. Fing man aber mit dem Schwersten an, so hatte man den ersten Feuereifer der Soldaten zugute, und das Weitere war dagegen leicht. Aus diesen Gründen wurde die Armee unverzüglich zum Angriff auf den linken feindlichen Flügel angesetzt. Die mit Aufmarschabständen vorrückenden Kolonnen wurden wieder auseinandergezogen und zu zwei Treffen formiert, indem die Züge mit einer Viertelschwenkung rechts abmarschierten. Der König zog mit seinen Husaren links neben der marschierenden Armee her, auf einer Hügelkette entlang, die dem Feind ihre Bewegungen verbarg. Da er so zwischen beiden Heeren wie auf einer Grenzscheide ritt, konnte er die Österreicher überblicken und den Marsch seiner Truppen leiten. Auch sandte er zuverlässige Offiziere teils zur Beobachtung des rechten Flügels des Feldmarschalls Daun, teils auf Kanth, wo Draskowich lagerte, um dessen Bewegungen im Auge zu behalten. Zugleich wurden Patrouillen am Schweidnitzer

Wasser entlang geschickt, um während des Angriffs den Rücken der Armee zu sichern.

Der Plan des Königs, zu dessen Ausführung man jetzt schritt, war folgender. Die ganze preußische Armee sollte die linke Flanke des kaiserlichen Heeres angreifen. Den Hauptstoß sollte der rechte Flügel ausführen, während der linke dem Feinde mit so viel Vorsicht versagt werden sollte, daß Fehler wie bei Prag und bei Kolin (wo sie die Niederlage verschuldet hatten) nicht wieder begangen werden konnten.

Wedell, der mit seinen 10 Avantgardenbataillonen zum ersten Angriff bestimmt war, hatte sich bereits an die Spitze der Armee gesetzt, und die Spitzen der Kolonnen hatten unbemerkt vom Feinde das Schweidnitzer Wasser erreicht. Feldmarschall Daun hielt den Marsch der Preußen für einen Rückzug und sagte zum Prinzen von Lothringen: »Die guten Leute paschen ab. Lassen wir sie in Frieden ziehen!« Inzwischen hatte Wedell sich vor den beiden Infanterietreffen des rechten Flügels formiert. Sein Angriff wurde durch eine Batterie von 20 Zwölfpfundern unterstützt, die der König von den Wällen von Glogau genommen hatte. Das erste Treffen erhielt Befehl, in Bataillonsstaffeln vorzurücken, jedes Bataillon mit 50 Schritt Abstand hinter dem anderen, so daß der äußerste rechte Flügel beim Vorrücken der Schlachtfront dem Ende des linken Flügels um 1000 Schritt voraus war. Bei dieser Anordnung konnte der linke Flügel unmöglich ohne Befehl in den Kampf eingreifen.

Nun stürmte Wedell gegen den Kiefernberg an, auf dem Nadasdy stand. Er stieß auf keinen großen Widerstand und nahm ihn ziemlich schnell. Als sich die österreichischen Generale umgangen und in der Flanke gefaßt sahen, suchten sie eine neue Front zu bilden und sich den

Preußen parallel zu stellen. Doch zu spät. Die ganze Kunst der preußischen Generale bestand darin, dem Feinde keine Zeit zur Veränderung seiner Stellung zu lassen. Schon richteten sich die Preußen auf einer Anhöhe ein, die das Dorf Leuthen beherrscht. In dem Augenblick, wo der Feind sie mit Infanterie besetzen wollte, wurde er von einer zweiten Batterie von 20 Zwölfpfündern so zur rechten Zeit mit Feuer überschüttet, das er die Lust verlor und sich zurückzog. Dort, wo Wedell angriff, bemächtigten sich die Österreicher eines Hügels nahe dem Bach, damit er ihre Linie nicht in der ganzen Länge bestreichen konnte. Der aber duldete sie nicht lange dort. Nach einem Kampfe, der länger und hartnäckiger war als der erste, warf er den Feind zurück. Zugleich griff Zieten die feindliche Kavallerie an und schlug sie in die Flucht. Einige Schwadronen seines rechten Flügels bekamen dabei in die Flanke eine Kartätschensalve aus dem Buschwerk am Bachufer. Das erwartete Feuer trieb sie zurück. Sie formierten sich wieder neben der Infanterie.

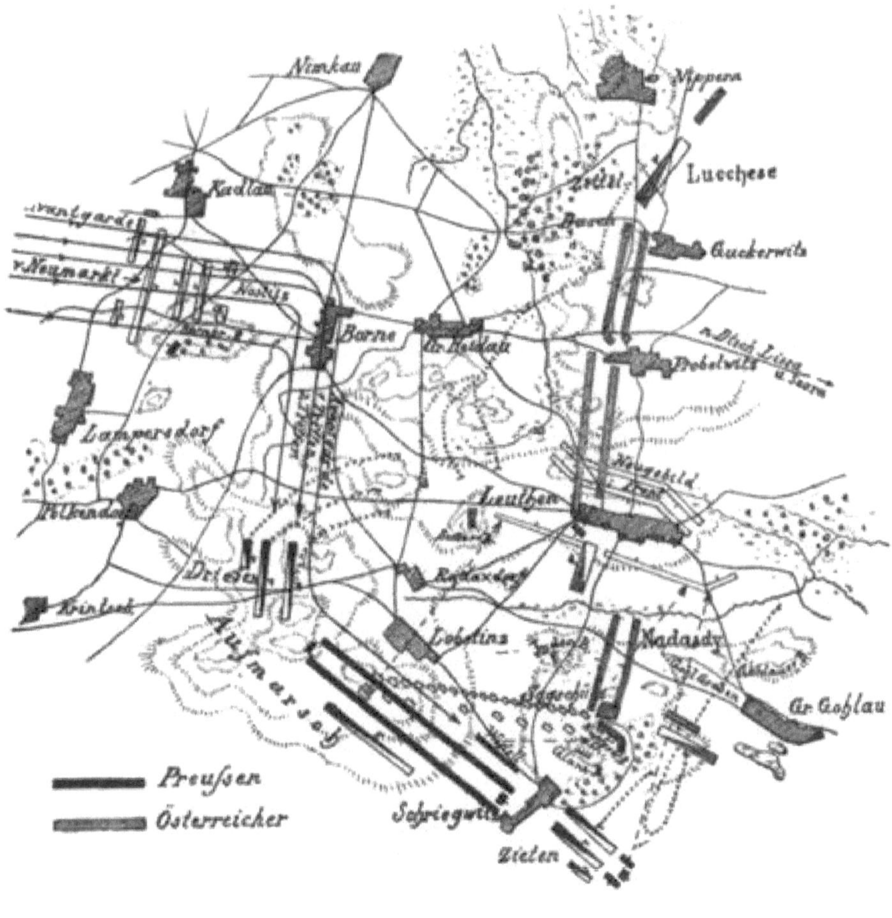

Skizze

Da meldeten die zur Beobachtung des rechten österreichischen Flügels abgesandten Offiziere dem König, daß dieser Flügel sich durch das Gehölz bei Lissa ziehe und unverzüglich in der Ebene auftauchen müsse. Daraufhin erhielt Driesen Befehl, mit dem linken preußischen Kavallerieflügel vorzugehen. Als die österreichischen Kürassiere sich bei Leuthen zu formieren begannen, wurden sie von der Batterie im

Zentrum der preußischen Armee mit heftigem Artilleriefeuer begrüßt. Zugleich griff Driesen sie an. Der Kampf war kurz. Die Kaiserlichen wurden zerstreut und flohen Hals über Kopf. Ein Infanterietreffen, das sich neben den Kürassieren hinter Leuthen aufgestellt hatte, wurde von den Bayreuth-Dragonern in der Flanke angegriffen und auf die Freibataillone Angelellis geworfen. Zwei ganze Regimenter mit Offizieren und Fahnen wurden gefangen genommen. Als nun die feindliche Kavallerie so vollständig zersprengt war, ließ der König das Zentrum seiner Infanterie auf Leuthen vorrücken. Das Gefecht war lebhaft, aber kurz, da die österreichische Infanterie zerstreut zwischen Häusern und Gärten stand. Als die Preußen aus dem Dorf heraustraten, erblickten sie eine neue Infanterielinie, die die österreichischen Generale auf der Windmühlenhöhe aufgestellt hatten. Eine Weile hatten die Preußen unter ihrem Feuer zu leiden. Aber der Feind hatte in der allgemeinen Verwirrung nicht gemerkt, daß Wedell ihnen ganz nahe war. Unvermutet fiel der tapfere und geschickte General ihnen in die Flanke und in den Rücken. Dies glänzende Manöver entschied den Sieg und endigte den großen Tag.

Während des Aufmarsches seiner Truppen zum Angriff rekognosziert König Friedrich die Aufstellung des österreichischen Heeres bei Leuthen.

Jetzt raffte der König die ersten besten Truppen zusammen und machte sich mit den Seydlitz-Kürassieren und einem Bataillon Bornstedt an die Verfolgung der Feinde. Er rückte zwischen dem Schweidnitzer Wasser und dem Lissaer Gehölz vor. Aber die Dunkelheit wurde so groß, daß er Patrouillen vorausschicken mußte, um den Wald abzustreifen und Nachricht zu bringen. Von Zeit zu Zeit ließ er Kanonensalven auf Lissa richten, wohin sich das Gros der österreichischen Armee geflüchtet hatte. Als die Avantgarde sich dem Orte näherte, bekam sie eine Salve von ungefähr zwei Bataillonen. Es wurde aber niemand verwundet. Man antwortete mit einigen Kanonenschüssen und setzte den Marsch ruhig fort. Unterwegs brachten die Seydlitz-Kürassiere truppweise Gefangene ein. Als der König nach Lissa kam, fand er alle Häuser voll von Flüchtigen und Versprengten der kaiserlichen Armee. Er besetzte sofort die Brücke und ließ dort Kanonen auffahren, mit dem Befehl, zu schießen, solange der

Pulvervorrat reichte. Auch ließ er auf der Straße nach Breslau, auf der sich der Feind zurückzog, die Häuser zunächst dem Schweidnitzer Wasser mit Infanterietrupps besetzen, die die ganze Nacht durch das jenseitige Ufer bestreichen mußten, teils, um die Besiegten ständig in Schrecken zu halten, teils um zu verhindern, daß sie Truppen auf das andere Ufer warfen, die am nächsten Tage den Übergang hätten verteidigen können.

Die Schlacht hatte um ein Uhr mittags begonnen. Als der König mit der Avantgarde in Lissa einrückte, war es acht Uhr abends. Seine Armee war 33 000 Mann stark, als sie den Kampf mit den Österreichern aufnahm. Diese sollten sich auf 60 000 Mann belaufen. Wäre die Nacht nicht hereingebrochen, so wäre die Schlacht die entscheidendste des ganzen Jahrhunderts geworden.

Rechtfertigung meiner Heerführung

(Juli 1757)

Viele über die wirkliche Sachlage nur unzureichend Unterrichtete haben sich über meine Heerführung nach der Schlacht von Prag aufgehalten. Ich will die Gründe meines Verhaltens hier schlicht und wahr darlegen. Die Kenner mögen dann beurteilen, wer recht hat: meine Kritiker oder ich.

Man sagt, die Belagerung von Prag wäre ein Wagnis gewesen. Anstatt das geschlagene feindliche Heer einzuschließen, hätte man es lieber entweichen lassen und dann verfolgen sollen. Darauf erwidere ich: die Blockade einer zwar geschlagenen, aber starken Armee war allerdings ein sehr schwieriges Unternehmen, wäre aber gelungen, hätte der Feind nicht, unseren anfänglichen Nachrichten entgegen, so große

Proviantmagazine besessen, oder hätte Leopold Daun nicht so starke Streitkräfte zu sammeln vermocht. Das ist der Kernpunkt der Sache. Wir hatten den Feind in offener Feldschlacht geschlagen. Sein rechter Flügel war abgeschnitten und vom linken getrennt. Ich war mit aller Kavallerie und Infanterie, die ich zusammenraffen konnte, drauflosmarschiert, um die Flüchtigen von der Sazawa abzuschneiden. Das gelang so gut, daß ich sie bis an den Wischehrad drängte und sie zwang, sich in wildem Durcheinander in die Stadt zu retten. Ferner sandte ich ein Detachement hinter den Flüchtlingen her, die bei Beneschau über die Sazawa gegangen waren. Ließ ich aber die entkommen, die sich nach Prag gerettet hatten, so setzte ich das einmal Errungene wieder aufs Spiel und verpaßte eine unvergleichliche Gelegenheit, 40 000 Mann zu Kriegsgefangenen zu machen. Wir hatten sie durch unsere Stellungen und Schanzen schon von zwei Seiten derart eng umzingelt, daß sie nicht mehr an ein Entkommen zu denken wagten. Durch Feuer und Bomben hoffte ich, einige ihrer Magazine zu zerstören und sie durch Hunger zu bewältigen. Das war das einzig vernünftige Mittel, sie zur Übergabe zu zwingen. Sie wirklich zu belagern, wäre angesichts der starken Besatzung ein Ding der Unmöglichkeit gewesen. Die Erstürmung von Prag wäre ein Spiel mit Menschenleben gewesen, und man hätte dem Zufall mehr überlassen, als einem klugen Feldherrn erlaubt ist. Die Blockade hingegen im Verein mit dem Bombardement hatte unsere Sache so gefördert, daß sich die eingeschlossene Armee höchstens bis zum 28. Juni hätte halten können. Dann hätte sie die Waffen strecken müssen.

Friedrich Wilhelm von Seydlitz, preuß. General der Kavallerie. Bleistiftzeichnung von Menzel.

Hätten wir kein anderes Hindernis gehabt als die Belagerung selbst und die starke Besatzung von Prag, so wäre uns die Sache sicher geglückt. Aber folgende Schwierigkeiten wurden uns verhängnisvoll und wuchsen uns schließlich über den Kopf. Bekanntlich befand sich Feldmarschall Daun mit 14 000 Mann in vollem Anmarsch und wollte bei Prag zu Browne stoßen. Er stand am Tage der Schlacht bei Böhmisch-Brod. Ich detachierte den Herzog von Bevern mit 16 Bataillonen und 70 Schwadronen zur Vertreibung Dauns, dessen Nähe gefährlich war. Der Herzog drängte ihn in der Tat zurück, aber nicht mit der ganzen erwünschten Energie. Immerhin nahm er die Magazine von Nimburg, Suchdol, Kolin und Kuttenberg weg und warf Daun bis Czaslau zurück. Aber Daun erhielt große Verstärkungen, und auf die Nachricht hin entschloß ich mich, die Stellungen um Prag enger zusammenzuziehen und selbst mit 16 Bataillonen und 30 Schwadronen zum Herzog von Bevern zu stoßen. Inzwischen hatte Daun seinerseits den Herzog umgangen und ihn zum Verlassen der Höhen von Kuttenberg gezwungen. Als ich mich in vollem Anmarsch befand, um bei Kuttenberg zu ihm zu stoßen, sah ich ihn in Kaurzim anlangen, wo ich mich vorübergehend gelagert hatte.

Demgegenüber behaupten die Kritiker: wenn ich imstande gewesen sei, den Herzog von Bevern mit 16 Bataillonen und ebensoviel Schwadronen zu verstärken, so hätte ich das von Anfang an tun sollen. Dadurch hätte ich ihm die Ausführung meines Auftrags erleichtert, und er hätte Leopold Daun dann sicher aus Böhmen vertrieben.

Darauf antworte ich ihnen: Sie haben zwar sehr recht, es war mir aber unmöglich, soviel Leute von den Prager Besatzungstruppen fortzunehmen, bevor die Einschließungslinie enger gezogen war. Einige dieser Stellungen hatten wir erst mit dem Degen in der Hand erobern müssen. Um uns in anderen festsetzen zu können, mußten erst viel Erdarbeiten gemacht werden. Die Schlacht bei Prag hatte 16 000 Tote und Verwundete gekostet, und für die Errichtung der Batterien, deren Deckung und für die Erdarbeiten waren so viel Leute nötig, daß die

Truppen nur einen um den anderen Tag Ruhe hatten. Schließlich war unser Hauptzweck die Einnahme Prags. Hätten wir unsere Kräfte von vornherein gegen Daun verwandt, so wäre vielleicht beides mißlungen.

Schön, sagt man, es mag noch hingehen, daß du Daun nicht so viel Truppen entgegenschicktest. Warum aber hast du nicht die Regel der großen Feldherren befolgt, mit der Beobachtungsarmee jeden Kampf zu vermeiden, und dich nicht damit begnügt, befestigte Stellungen zu besetzen, den Feind an der Verstärkung der Belagerten zu verhindern und durch Bewegungen und geschickte Märsche die Absichten der feindlichen Generale zu vereiteln? Darauf erwidere ich dreist: Diese Regel ist nicht allgemein gültig. Bei der Belagerung von Dünkirchen griff Turenne Don Juan d'Austria, den Prinzen Condé und Estevan de Gamare in den Dünen an, schlug sie und eroberte die Stadt. Als Ludwig XIV. Mons belagerte, schlug sein Bruder, der Herzog von Orléans, oder vielmehr der Marschall von Luxemburg, der die Beobachtungsarmee befehligte, bei Mont-Cassel den Prinzen von Oranien, der der Stadt zu Hilfe eilen wollte. Auch Prinz Eugen schlug die Türken bei Belgrad. Während der Belagerung von Tournai schlug der Marschall von Sachsen den Herzog von Cumberland bei Fontenoy, und den Marschällen La Feuillade und Marsin wird mit Recht der Vorwurf gemacht, daß sie ihre Verschanzungen bei Turin nicht verlassen haben, um dem Prinzen Eugen entgegenzutreten, der mit Riesenschritten auf Turin rückte. So verlor Frankreich im Jahre 1706 Italien einzig und allein deshalb, weil die Franzosen in ihren Verschanzungen blieben, statt sich dem Vorrücken des Prinzen Eugen entgegenzustellen. Ich glaube, das sind Beispiele genug zur Rechtfertigung eines heutigen Heerführers, der den großen Vorbildern folgen und, fehlt es ihm an Erfahrung, sich an sein Gedächtnis halten soll.

Aber nicht genug damit: ich will auch die besonderen Gründe anführen, die mich zu meinem Entschlüsse bestimmten.

Fast ganz Europa hatte sich gegen Preußen verbündet. Ich durfte nicht abwarten, bis alle meine Feinde mit vereinten Kräften über mich herfielen. Der Herzog von Cumberland brauchte Hilfe. Die Reichstruppen versammelten sich. Wären im Juli 30 000 Preußen ins Reich eingerückt, so hätten sie dies Phantom von Reichsarmee in alle Winde zerstreut und am Ende noch die Franzosen aus Westfalen herausgeworfen. Die Staatsraison gebot also, sich des nächststehenden Feindes zu entledigen, um freie Hand gegen die anderen zu bekommen.

Dazu traten mehrere strategische Gründe. Erstens wurde die Beschaffung von Fourage für die Belagerungsarmee, besonders für die Truppen bei Michle, immer schwieriger. Ein Umkreis von drei Meilen mußte ihr sichergestellt werden, damit sie ihren Unterhalt fand. Zweitens mußte sie nach Aurzinowes und der Sazawa hin geschützt werden, von wo der Feind große Detachements vorschicken konnte. Sonst hätten die Österreicher die Einschließungstruppen im Rücken angreifen können, und dann wäre es den Belagerten leicht gefallen, die Blockade an irgend einer Stelle zu durchbrechen und zu entkommen. Nun aber vermochte ich für die Beobachtungsarmee keine Stellung zu finden, die allen diesen Ansprächen genügte. Daun hatte mehr als 15 000 Mann leichter Truppen. Sobald die Stellung bei Kuttenberg aufgegeben war, konnte die preußische Armee, die bei Kaurzim stand, nicht zugleich die Sazawa und das Magazin von Nimburg decken, das durch einen Handstreich zu nehmen war. Nimburg lag zwei Meilen von unserm linken Flügel und die Sazawa drei Meilen vom rechten. Der Feind konnte sie überschreiten, wo er wollte. Die Höhen, Wälder und Defileen an beiden Ufern machten für uns die Annäherung schwierig, ja mörderisch wegen der Menge von Panduren, die die meisten Schluchten und Wälder der Gegend besetzt hielten.

Schon diese Gründe hätten genügt, um den Entschluß zur Schlacht zu fassen, aber es gab noch gewichtigere. Das Haus Österreich hatte nur noch die Daunsche Armee. War sie gründlich geschlagen, so fiel die Prager Besatzung in Kriegsgefangenschaft, und man durfte annehmen, daß der Wiener Hof, aller weiteren Hilfsmittel beraubt, dann Frieden schließen mußte. Wagte ich eine Schlacht, so hatte ich also viel mehr zu gewinnen, als zu verlieren.

Das Beispiel großer Feldherren, strategische Gründe, die auf meine Situation zutrafen, ebenso gewichtige politische Gründe, besonders aber die Hoffnung, bald zu einem allgemeinen Frieden zu gelangen, all das brachte mich dazu, den herzhaften Entschluß ängstlichen Erwägungen vorzuziehen.

Das Sprichwort: Dem Mutigen hilft das Glück, stimmt in den meisten Fällen. Einmal zur Schlacht entschlossen, nahm ich mir vor, den Feind anzugreifen, weil man damit immer am besten fährt. Ich wußte nicht, wo sich das österreichische Lager befand. Im Begriff, auf Swojschitz zu marschieren, sah ich, wie die österreichische Armee sich entfaltete und sich dort selbst festsetzen wollte. Das zwang mich zur Änderung meiner Dispositionen, da eine Kette von Sümpfen und Defileen den Angriff auf die Stellung verbot. Wir marschierten auf Planjan. Unser rechter Flügel rückte nach Kaurzim, und der linke besetzte die Höhen jenseits der Kaiserstraße von Böhmisch-Brod nach Kolin. Am folgenden Morgen (18. Juni) gingen wir zum Angriff auf den Feind vor. Mein Schlachtplan und die Gründe dazu waren folgende.

Die vom Feind besetzten Höhen bildeten einen Winkel. Sein rechter Flügel stand auf einer Hügelkette, war aber nirgends angelehnt. Das

Zentrum sprang zurück, und der linke Flügel bildete mit dem andern einen rechten Winkel, dessen Schenkel sich im Zentrum trafen. Vor dem linken Flügel und hinter der Armee dehnte sich eine Kette von Sümpfen. Die Front der Österreicher sowie die Höhen waren stark mit Geschütz besetzt. Daraufhin entschied ich mich, meinen Hauptstoß mit dem linken Flügel zu machen, den rechten Flügel zu versagen, den Feind auf den Höhen bei Kolin in der Flanke zu packen und ihn gegen die Defileen zu drängen, die er im Rücken und auf seiner linken Flanke hatte. Bei der Ausführung dieses Planes wäre ein Teil des feindlichen Heeres gar nicht zum Kampfe gekommen. Auch die feindliche Artillerie hätte uns wenig anhaben können, da sie nur gegen einen Teil meiner Truppen zu feuern vermochte. Wäre der Feind dann bis gegen die Sümpfe gedrängt worden, so hätte seine Infanterie großenteils die Waffen strecken müssen.

Ich habe mir nur den einen Vorwurf zu machen, daß ich mich nicht selbst auf den äußersten linken Flügel begab, um das Gelände zu rekognoszieren. Es dehnte sich weiter aus, als man mir angegeben hatte. Unglücklicherweise wurde meine ganze Infanterie gegen meinen Befehl in kürzester Frist mit dem Feinde handgemein, und meine Kavallerie gehorchte den Generalen nicht, die sie auf den linken Flügel werfen wollten. Eine Fülle unberechenbarer Ursachen trat hinzu. Da meine gesamte Infanterie des ersten Treffens zur Unzeit ins Gefecht kam, wurde auch das zweite Treffen sofort mit hineingezogen, und ich hatte nicht mehr ein Bataillon übrig, um den Angriff des linken Flügels zu unterstützen. Er hatte bereits drei Stellungen erobert und siebenmal hintereinander frische Truppen, die man ihm entgegenwarf, angegriffen. Vier frische Bataillone hätten die Schlacht gewonnen: war doch der rechte feindliche Flügel gänzlich geschlagen. Es fehlte also nur wenig, und die Schlacht wäre völlig nach Wunsch verlaufen. Die

Niederlage des rechten Flügels zwang mich, gegen 9 Uhr zurückzugehen. Die Armee marschierte nach Nimburg. Sie hatte 10 000 Mann der besten Infanterie verloren und war daher zu schwach, um die Stellung von Planjan zu halten.

Da sich nun kein Beobachtungskorps mehr zwischen der Daunschen Armee und den Blockadetruppen von Prag befand, so mußte die Belagerung aufgehoben werden. Ich eilte dorthin, und am 20. marschierte ich unter klingendem Spiel mit allen Truppen, die vor der Neustadt standen, nach Brandeis, ohne daß die Belagerten mir zu folgen wagten. Auf dem Rückmarsch wurde Feldmarschall Keith von der Festungsartillerie beschossen. Ich ließ die Stellung von Alt-Bunzlau besetzen und marschierte nach Neu-Lysa, indem ich Alt-Bunzlau eine Meile zur Rechten und Nimburg eine Meile zur Linken ließ. Feldmarschall Keith wurde nach Minkowitz geschickt.

Die Zeitumstände zwangen mich zur Bildung von zwei Armeen. Die eine sollte den Österreichern entgegentreten und einen Verteidigungskrieg zur Deckung der Lausitz und Schlesiens führen. Die zweite sollte Sachsen decken und gleichzeitig den Franzosen, die in Westfalen standen, dem Korps unter dem Prinzen von Soubise, den Reichstruppen und den Schweden entgegentreten, die Pommern mit einem Einfall bedrohten. Diese Aufgabe übernahm ich selbst, weil ich sie für die schwierigste hielt. Den Oberbefehl der ersten Armee, die die Lausitz decken sollte, übertrug ich meinem Bruder und gab ihm zur Unterstützung die besten Generale. Mein Bruder besitzt Geist, Kenntnisse und das beste Herz von der Welt, aber keine Entschlußfähigkeit. Er ist viel zu zaghaft und hat eine Abneigung gegen herzhafte Entschlüsse.

Ich setzte mich in Marsch, um mich mit Feldmarschall Keith zu vereinigen. Ich glaubte ihn bei Welwarn und fand ihn in Leitmeritz eingekeilt. Dort im Lager ergriff ich die nötigen Maßnahmen, um mich im voraus aller Pässe und Übergänge nach Sachsen zu bemächtigen. Nun lagerte sich Nadasdy mit 10 000 Mann bei Gastorf. Ich hatte 3000 bis 4000 Mann leichter Truppen rechts und links auf den Bergen, dazu 3000 Verwundete und ein großes Magazin in Leitmeritz. Die Stadt wird von den umliegenden Höhen beherrscht. Sie konnte nur von einem Korps verteidigt werden, das ihre Zugänge besetzte. Ich stellte dort 13 Bataillone und 20 Schwadronen unter meinem Bruder Heinrich auf, der sich der Aufgabe vorzüglich entledigte.

Die Armee meines Bruders rückte nach Böhmisch-Leipa, um sich Zittau zu nähern, wo sich ihr Magazin sowie eine Verstärkung von 6000 Mann befand, die General Brandes ihr aus Schlesien zuführte. Alles verlief leidlich bis zum 14. Juli, wo Daun auf der linken Flanke meines Bruders das Lager von Niemes bezog. In Gabel, das zur Verbindung unserer Armee mit Zittau diente, stand eine Besatzung. Mein Bruder duldete es, daß sich der Feind in seiner Flanke lagerte, und bezog keine andere Stellung. Er wußte, daß Gabel angegriffen wurde. Aber anstatt mit seiner ganzen Armee dorthin aufzubrechen, ließ er es geschehen, daß die Österreicher den Ort eroberten. Dadurch war ihm der beste Weg zum Rückzug nach der Lausitz abgeschnitten. Erst am 17. Juli trat er durch Defileen und auf höchst schwierigen Straßen den Marsch nach Zittau an. Er ließ dem Feinde Zeit, alle diese Defileen mit leichten Truppen zu besetzen, und so verlor er auf dem Rückzuge fast sein ganzes Gepäck. Er kam später in Zittau an als Daun. Die Österreicher hatten bereits die Höhen besetzt, und er konnte sie nun nicht mehr einnehmen. Der Feind bombardierte die Stadt, schoß sie in Brand und legte sie in Asche. Nun blieb weiter nichts übrig, als die Besatzung, so gut es ging, herauszuziehen. Darauf ging mein Bruder ohne Verluste nach Löbau und von da nach Bautzen zurück (27. Juli).

Alle diese falschen Operationen zwangen mich zur Änderung meiner Maßnahmen. Ich räumte Böhmen ohne Verlust an Bagage, Magazinen und Verwundeten und bot alles auf, um möglichst bald Pirna zu erreichen. Dort setzte ich mit 16 Bataillonen und 28 Schwadronen über die Elbe und traf bei der Armee meines Bruders am 29. Juli ein. Feldmarschall Keith folgte mir. Prinz Moritz wurde mit 14 Bataillonen und 20 Schwadronen bei Cotta postiert, um die Elbe zu decken, und Feldmarschall Keith marschierte auf Bautzen.

In dieser kritischen Lage mußte ich meine Zuflucht zu Gewaltmaßregeln nehmen. Um die Situation richtig zu beurteilen, muß man sich die allgemeine Lage Europas vergegenwärtigen. 60 000 Russen marschieren gegen die Provinz Preußen. Ein russisches Korps hat bereits Memel genommen, während sich die Hauptarmee zehn Meilen von der Grenze bei Kowno verschanzt hat. Eine russische Kriegsflotte bedroht die Küsten mit einer Landung. Lehwaldt sieht sich darauf beschränkt, die Hauptstadt der Provinz zu schützen, und muß abwarten, ob sich eins der feindlichen Korps ihm nähern wird, um es zu schlagen. Ich selbst erhalte die Nachricht, daß der Herzog von Cumberland geschlagen ist, und daß 40 000 Franzosen von Westfalen her gegen das Halberstädtische vordringen. Alles, was ich tun kann, besteht darin, die 6 Bataillone der Besatzung von Wesel nach Magdeburg zu werfen, so daß sich dort insgesamt 10 Bataillone befinden. Prinz Soubise rückt von Weimar heran, um in Sachsen einzufallen. Die Schweden haben bereits gegen 10 000 Mann bei Stralsund stehen. Ich habe zwei Regimenter Infanterie nach Stettin geschickt. Zwei Bataillone sind zur Zeit dort. Das macht mit 10 Bataillonen Milizen, die ich außerdem aushebe, im ganzen 16

Bataillone. Ein Korps von 8000 bis 10 000 Ungarn ist bei Landeshut in Schlesien eingebrochen, und ein anderes, ebenso starkes soll von Teschen her eindringen.

Die Ruinen der von den Österreichern in Brand geschossenen Stadt Zittau.

Wäre auch meine Armee noch so stark wie zu Beginn des Frühlings, ich könnte der Überzahl meiner Feinde doch nur mit Mühe entgegentreten. Gegenwärtig kann ich nur eine einzige Armee bilden und mit ihr dem gefährlichsten Gegner die Spitze bieten. Zaudere ich, die Österreicher aus der Lausitz zu verjagen, so werden sie große Detachements in die Kurmark schicken und sie mit Feuer und Schwert verheeren. Greife ich die Österreicher an und verliere die Schlacht, so beschleunige ich meinen Untergang um einen Monat. Habe ich aber noch so viel Glück, sie zu schlagen, so kann ich die Lausitz von ihnen säubern, dort ein Verteidigungskorps lassen, einen Teil der Truppen nach Schlesien senden, selbst nach dem Halberstädtischen marschieren, um den Franzosen entgegenzutreten, und so Zeit gewinnen. In meiner schlimmen Lage ist das also der sicherste, mutigste und ehrenvollste Ausweg.

Ich hielt mich für verpflichtet, dem Staat und der Nachwelt Rechenschaft über meine Lage und die Gründe zu geben, die mich zu diesem und zu keinem anderen Entschlüsse bewogen haben, damit mein Andenken nicht durch ungerechte Anklagen entehrt werden kann. Ich zweifle nicht, daß es in der Welt eine Menge geschickterer Leute gegeben hat als mich. Ich bin völlig überzeugt, daß mir sehr viel an der Vollendung fehlt. Nur in der Liebe zum Vaterlande, im Eifer für seine Erhaltung und seinen Ruhm nehme ich es mit der ganzen Welt auf. Diese Gefühle werde ich bis zum letzten Atemzuge bewahren.

Rede des Königs in Parchwitz (3. Dezember 1757)

Am 3. Dezember war Ruhetag. Am Vormittag erhielten die Generale, Regiments- und Bataillonkommandeure Befehl, sich zum König zu begeben. Er sagte zu ihnen:

»Der Feind steht in einem befestigten Lager vor Breslau, das meine Truppen mit Ehren verteidigt haben. Morgen marschiere ich, um ihn anzugreifen. Ich bin nicht in der Lage, über mein Verhalten Rechenschaft zu geben, auch nicht über die Gründe, die meinen Entschluß bestimmen. Ich weiß und kenne die Schwierigkeiten, die diesem Vorhaben entgegenstehen, aber in meiner Lage gibt es nur Sieg oder Tod. Unterliegen wir, so ist alles verloren. Gedenken Sie, meine Herren, daß wir in dieser Schlacht für unseren Ruhm kämpfen werden, für Haus und Herd, Weib und Kind. Wer wie ich denkt, kann versichert sein, wenn er fällt, daß ich mich seiner Frau und seiner Kinder annehmen werde; wer aber lieber seinen Abschied haben will, kann ihn auf der Stelle erhalten, doch er muß auf jede Wohltat von mir verzichten.«

Man kann sich denken, daß niemand so feig war, um seinen Abschied zu bitten. Alle schworen dem König zu, sie wollten ihm mit ihrem Blut und Leben die Schlacht gewinnen helfen.

Tod des Thronfolgers August Wilhelm und der Markgräfin Wilhelmine von Bayreuth

Die preußische Königsfamilie verlor im Laufe des Jahres 1758 zwei erlauchte Persönlichkeiten; zunächst den Prinzen von Preußen, der seit einiger Zeit dahinsiechte und Anfang Juni, gerade als die Preußen Olmütz belagerten, von einem Stickfluß dahingerafft ward. Man betrauerte ihn wegen seines guten Herzens und seiner Kenntnisse. Wäre er auf den Thron gelangt, so wäre seine Regierung glücklich und milde verlaufen.

Ferner starb die Markgräfin von Bayreuth, eine Fürstin von seltenen Eigenschaften. Sie besaß einen feingebildeten Geist, ausgebreitete Kenntnisse, Begabung zu allem und hervorragenden Kunstsinn. Aber diese glücklichen Anlagen bildeten nur den kleinsten Teil dessen, was man zu ihrem Lobe sagen kann. Ihre Herzensgüte, ihre Neigung zu Großmut und Wohltätigkeit, ihre edle und hohe Seele und ihr sanfter Charakter fügten zu den leuchtenden Vorzügen ihres Geistes einen Schatz echter, sich niemals verleugnender Tugenden. Oft hatte sie die Undankbarkeit derer erfahren, die sie mit Wohltaten und Gunstbezeugungen überhäufte. Sie dagegen hatte es nie gegen jemanden fehlen lassen. Die zärtlichste, die festeste Freundschaft verband den König mit seiner würdigen Schwester. Ihre Bande hatten sich schon in zarter Kindheit geknüpft. Gleiche Erziehung und gleiche Anschauungen hatten sie gefestigt. Eine Treue, die jeder Probe standhielt, machte sie unauflöslich. Die Fürstin war von zarter Gesundheit und nahm sich die Gefahren, die ihrer Familie drohten, so zu Herzen, daß der Kummer ihre Gesundheit völlig zerrüttete. Bald trat ihr Leiden zutage. Die Arzte erkannten es als ausgesprochene Wassersucht und vermochten sie nicht zu retten. Sie starb am 14. Oktober, mit einem Mut und einer Seelenstärke, die des unerschrockensten Philosophen würdig waren. Am selben Tage wurde der König bei Hochkirch von den Österreichern geschlagen. Angesichts zweier so schwerer Schicksalsschläge hätten die Römer diesen Tag gewiß für einen Unglückstag gehalten. In unserem aufgeklärten Jahrhundert ist man wenigstens von dem einfältigen Aberglauben abgekommen, gewisse Tage für glück- oder unglückbringend anzusehen. Das Menschenleben hängt nur an einem Haar, und den Ausschlag für den Gewinn oder den Verlust einer Schlacht gibt oft nur eine erbärmliche Nichtigkeit. Unser Schicksal entsteht aus der Verkettung unberechenbarer Ursachen. In der Fülle von Ereignissen, die sie herbeiführen, müssen also notgedrungen die einen glücklich, die anderen verhängnisvoll sein.

Schreiben der Marquise von Pompadour an die Königin von Ungarn (Anfang 1759)

Holde Königin! Die Liebenswürdigkeiten, die Ew. Majestät mir zu schreiben geruhen, sind für mich unschätzbar. Ich möchte mich Ihrer Güte und des Vertrauens, das Sie in meinen Eifer setzen, würdig zeigen. Es war der schönste Augenblick meines Lebens, wo ich zur Annäherung und zum ewigen Bündnis zwischen den beiden mächtigsten Monarchen

Europas beitragen konnte und es mir gelang, die alten, lächerlichen Vorurteile auszurotten, die bei dem eingefleischten Haß der Völker nur zu tiefe Wurzeln geschlagen haben. Sie sind jetzt so gründlich zerstört, daß Ew. Majestät auf die aufrichtige Anhänglichkeit des Herrschers und des gesundesten Teiles der Nation rechnen können. Ja, Ew. Majestät dürfen mich nicht für eine Schmeichlerin halten, wenn ich Ihnen sage, wir Franzosen hegen die gleiche Verehrung für Sie wie Ihre Untertanen. Unsere Nation hat neben vielen Fehlern den Vorzug, daß sie großen Eigenschaften gerecht wird, und wäre es selbst bei ihren Feinden. Ew. Majestät haben so Großes vollbracht, haben Ihrem Geschlecht so viel Ehre gemacht, daß Sie sich nicht wundern können, wenn die Franzosen sich für Sie begeistern.

Die, welche das Glück hatten, sich Ihnen zu Füßen zu werfen und Sie von Angesicht zu Angesicht zu bewundern, sind unerschöpflich über dies Thema. Ihre Gefühle teilen sich mit, greifen um sich, verbreiten sich, und die Öffentlichkeit bewundert einstimmig so viel erhabene und große Eigenschaften.

Habe ich mein Schicksal anzuklagen, so geschieht es, weil es mir bisher noch nicht verstattet war, Ihnen meine Aufwartung zu machen, ein Vorzug, den ich allen Gunstbezeugungen Fortunas vorzöge und auf den ich um keinen Preis verzichten möchte. Doch gestatten Ew. Majestät, Ihnen mein Herz mit dem Freimut zu öffnen, zu dem Sie mich durch Ihre Güte ermuntert und berechtigt haben. Finde ich je Gelegenheit zur Erfüllung meines sehnlichsten Wunsches, tritt je der Augenblick ein, wo ich mich Ihnen zu Füßen werfen kann, wünschten Ew. Majestät dann, daß ich mit Zittern der unvergleichlichen Fürstin nahe, die ich verehre und die mich mit dem Titel »liebe Freundin« auszeichnet?

Das Bildnis der Marquise von Pompadour in einem Rahmen, dessen Verzierungen auf das lockere französische Hofleben anspielen.

Und doch könnte ich nur bebenden Herzens vor Ew. Majestät treten. Wien muß eine Stadt sein, die Ihre Gegenwart zaubervoll macht; nur ein einziger kritischer Punkt läßt mich vor Schrecken zu Eis erstarren. Sie besitzen hervorragende Eigenschaften genug, um einen leichten Fehler zuzudecken. Sie sind Ihrem ganzen Geschlecht so überlegen, daß ich Ihnen ungescheut einige Wirkungen der leichten Schwäche zum Vorwurf mache, die mir den Aufenthalt in Ihren Staaten unmöglich machen. Ew. Majestät erraten es selbst: es ist das schreckliche Tribunal, vor dem mir graust, die Inquisition, die tyrannisch und despotisch über Herz und Gefühl schaltet. Bitte, geruhen Ew. Majestät dies Tribunal aufzuheben! Schaffen Sie das härteste aller Gerichte ab und fügen Sie zur Zahl Ihrer großen Tugenden auch die Toleranz gegen die liebenswerteste aller menschlichen Schwächen. Fordern Sie von den schwachen Sterblichen keine der Vollkommenheiten, mit denen die sonst so karge Natur Sie so verschwenderisch ausgestattet hat. Dulden Sie, daß in Ihrer Hauptstadt die freie Neigung und nicht das Sakrament der heiligen römischen Kirche die Herzen zusammenführt. Gestatten Sie, daß man ungestraft ein zärtliches Gemüt habe, ohne eine stets höchst peinliche Schmach erdulden zu müssen oder gar Ihre Ungnade, was noch schlimmer ist als alles andere. Glauben Ew. Majestät, wenn ich nach Wien käme, bloß um Ihnen zu Füßen zu fallen, ich wollte Gefahr laufen, weiter reisen zu müssen und in Temesvar zu enden? Davor behüte mich Venus für immer!

Ich will nicht nach Ungarn. Wie entsetzlich für eine Französin, die die Vorurteile der strengen, rauhen Schamhaftigkeit nicht kennt! Ich will weiter nichts, als Sie sehen, Sie hören und bewundern. Aber ich möchte frei sein; keine Inquisition, nichts, was mich behindert, was meinem Frohsinn Zügel anlegt und den Launen meines Herzens Schranken zieht. Ew. Majestät werden darum nicht weniger apostolisch sein; denn, um Ihnen nichts zu verheimlichen, hatten die Apostel, Ihre Vorgänger, Schwestern bei sich, und man müßte zu harmlos sein, um zu glauben, es seien nur Betschwestern gewesen. In Rom geht man weiter: der Vater aller Gläubigen gestattet gegen Ablaß selbst die Stätten der Ausschweifung, und wenn man nur bezahlt, ist er zufrieden. Dieser gute Vater hat Mitleid mit den Schwächen seiner Kinder. Er wendet ihre kleinen Sünden zum Guten durch das Geld, das der Kirche zufließt.

Die Welt war zu allen Zeiten die gleiche. Sie bedarf des Vergnügens und der Freiheit in ihrem Vergnügen. Ihre getreuen Untertanen, die Ihren Geboten in allem folgen, gehorchen Ew. Majestät in diesem einzigen Punkte nicht, und trotz jenes furchtbaren Tribunals steht Wien in seiner Lebensweise hinter Paris nicht zurück. Ich werde bei Ihnen vorstellig im Namen Ihrer sämtlichen Staaten. Die Vornehmen langweilen sich trotz Prunk und Größe; denn Stolz ist eine trübsinnige Leidenschaft. Seien Sie etwas nachsichtig gegen die Liebe, dulden Sie sie. Sie ist von allen Leidenschaften die heiterste, geselligste und die einzige beglückende. Gestatten Sie, daß man dies Glück unter Ihrer Regierung genießt. Es ist das größte, das die Natur uns zum Trost für all die Leiden gab, deren das Menschenleben voll ist.

Setzen Sie mich durch diese Toleranz in die Lage, Ihnen meine Huldigungen ohne Furcht und Schrecken darzubringen, damit ich mich ungestraft der Glut meines Gefühls und der ganzen Bewunderung hingeben kann, die Ihre großen, seltenen Tugenden mir einflößen. Das ist der einzige Zug, der Ihnen noch zur Vollkommenheit fehlt. Lassen Ew. Majestät die Herzen aus dem Kerker frei; brechen Sie ihre Ketten, geben Sie der verstohlenen Liebe, die in Sklaverei schmachtet, die Freiheit. Üben Sie Ihre Strenge gegen die unbarmherzigen Kerkermeister und gegen die Büttel der Keuschheit, die die Kinder der Liebe und Freude nur zu lange geknechtet haben. Möge die holdeste, reizendste und menschlichste Leidenschaft eine Beschützerin in der erlauchtesten Fürstin, in der ersten Frau des Jahrhunderts, in Königin Maria Theresia finden, die eine der größten Monarchen Europas ist. Ich wäre überglücklich, holde Königin, könnte ich Sie mit Venus, meiner Göttin, ebenso leicht aussöhnen, wie mit meiner Nation! Das geschah zur Ruhe und im Interesse der Welt; was ich hier unternehme, wird für das Vergnügen der Welt sein. Das Interesse aber war dem Glück nie zu vergleichen! So mächtig Ew. Majestät auch sind, das Reich der Venus wird stets mächtiger sein als das Ihre; es wird trotz Ihnen bestehen. Die heidnischen Götter konnten sich seinen Gesetzen nicht entziehen; sollten wir irgend einem Gott widerstehen? Es gewährt Freude, sich unterjochen zu lassen: Sie werden Ihren Untertanen diese Freude nicht nehmen.

Ich wage zu hoffen, daß Ew. Majestät meinen inständigen Bitten nachgeben, daß die Verfolgungen aufhören werden, und daß man zu Wien nicht mehr das Martyrium zu befürchten haben wird, weil man im Glauben an die Liebe verharrt, den man von seinen Eltern empfangen hat. Ich bin der festen Überzeugung, daß Sie meine demütige Bitte in Gnaden erfüllen werden. Aufs neue vermehren werden Sie durch diesen Akt der Milde die tiefe Verehrung, die respektvolle Anhänglichkeit und den Eifer, womit ich verharre usw.

Breve des Papstes an Feldmarschall Daun (Mai 1759)

Unserem heißgeliebten Sohn in Christo, dem Feldmarschall Daun, Oberkommandierenden der Armeen Ihrer Apostolischen Majestät, Klemens XIII.

Unserem heißgeliebten Sohn in Christo Gruß und apostolischen Segen!

Nachdem Wir mit großer Befriedigung die glänzenden Erfolge Eurer Waffen wider die Ketzer, insbesondere den herrlichen Sieg erfahren haben, den Ihr am 14. Oktober vergangenen Jahres über die Preußen davon truget, haben Wir es als Vater der wahren Gläubigen für Unsere Pflicht gehalten, den wunderbaren Wirkungen Eurer Tapferkeit das Gewicht Unseres Segens hinzuzufügen und damit die Haltung Unserer Vorgänger nachzuahmen, die dem Prinzen Eugen glorreichen

Angedenkens einen geweihten Hut und Degen verliehen, weil er die Ungläubigen in mehreren Feldschlachten besiegt hatte.

Euch, der Ihr durch Eure großen Eigenschaften die jenes Helden der Kirche übertrefft und verdunkelt, Euch, die Ihr gegen Ketzer zu kämpfen habt, die noch verstockter an ihren scheußlichen Irrlehren hangen als selbst die Türken, Euch versehen Wir mit allen göttlichen Segnungen. Möge dieser Segen, den Wir Euch senden, in Eurer Hand zur ewigen Ausrottung jener Ketzereien dienen, deren Pesthauch dem Höllenpfuhl entstiegen ist! Der Würgeengel wird an Eurer Seite kämpfen; er wird die verruchte Brut, der Sektierer Luthers und Calvins ausrotten, und der Gott der Rache wird sich Eures Armes bedienen, um das gottlose Geschlecht der Amalekiter und Moabiter auszurotten. Möge dieser Degen ihr Rebellenblut trinken; möge die Axt an die Wurzel des Baumes gelegt werden, der verfluchte Früchte trug. Möge nach dem Vorbild des heiligen Karl des Großen Norddeutschland mit Schwert, Feuer und Blut bekehrt werden!

Freuen sich die Heiligen schon über ein verirrtes Schaf, das zur Herde zurückkehrt, welche Freude werdet Ihr ihnen, sowie allen Gläubigen erst bereiten, wenn Ihr dies verderbte Gezücht in den Schoß ihrer heiligen Mutter, der Kirche, zurückführt! Die heilige Mutter Gottes von Mariazell stehe Euch bei! Der heilige Nepomuk verdopple seine Gebete für Euch! Das ganze Paradies, das Wir durch Unsere Legende bevölkern, nehme sich Eurer Erfolge an! In dieser frohen Erwartung geben Wir Euch Unseren doppelten apostolischen Segen.

Gegeben zu Rom mit dem Fischerring, am 30. Januar 1759, im ersten Jahre Unseres Pontifikats.

Rückblick

Damit endigte der blutige Krieg, der ganz Europa umzuwälzen drohte und in dem doch keine Macht, mit Ausnahme von Großbritannien, ihr Gebiet um einen Fuß breit erweitert hatte.

Wir können nicht umhin, an die Darstellung all dieser Ereignisse einige Betrachtungen anzuknüpfen. Scheint es nicht erstaunlich, daß alle List und Macht der Menschen so oft durch unerwartete Ereignisse oder Schicksalsschläge genarrt wird? Scheint nicht eine unbekannte Macht verächtlich mit den Plänen der Menschen zu spielen? Ist es nicht klar, daß jeder vernünftige Mensch bei Beginn der Kriegswirren sich ihren Ausgang anders gedacht hatte? Wer konnte voraussehen oder sich denken, daß Preußen dem Angriff jener furchtbaren Liga von Österreich, Rußland, Frankreich, Schweden und dem ganzen Heiligen Römischen Reiche widerstehen und aus einem Kriege, wo ihm überall Untergang drohte, ohne den geringsten Verlust an Besitzungen hervorgehen würde? Wer konnte ahnen, daß Frankreich mit seinen gewaltigen Hilfsmitteln, seinen starken Bündnissen, seiner inneren Kraft seine wichtigsten Besitzungen in Ostindien verlieren und das Opfer des Krieges sein würde? Alle diese Ereignisse mußten im Jahre 1757 unglaublich erscheinen.

Prüfen wir aber hinterher die Ursachen einer so unerwarteten Wendung der Dinge, so finden wir, daß folgende Ursachen Preußens Untergang verhinderten:

1. Mangel an Übereinstimmung und Eintracht unter den Mächten der großen Allianz; die Verschiedenheit ihrer Interessen, die sie hinderte, sich über manche Operationen zu einigen; der geringe Grad von Einigkeit unter den russischen und österreichischen Generalen, die argwöhnisch wurden, gerade wenn die Gelegenheit

kraftvolles Handeln zur Vernichtung Preußens erforderte, was ihnen auch hätte gelingen können.

2. Die allzu verschlagene und tückische Staatskunst des Wiener Hofes, der die schwierigsten und gewagtesten Unternehmungen auf seine Verbündeten abwälzte, um am Ende des Krieges sein Heer in besserem Zustand und vollzähliger zu haben als die anderen Mächte. Daher kam es, daß die österreichischen Generale es bei verschiedenen Gelegenheiten aus übertriebener Vorsicht verabsäumten, den Preußen den Gnadenstoß zu geben, als diese in verzweifelter Lage und dem Untergang nahe waren.
3. Der Tod der Kaiserin Elisabeth, die auch das Bündnis mit Österreich mit ins Grab nahm, der Abfall der Russen, das Bündnis der Preußen mit Peter III. und schließlich die Absendung des russischen Hilfskorps nach Schlesien.

Prüfen wir andrerseits die Ursachen für die Verluste der Franzosen, so bemerken wir zunächst den Fehler ihrer Einmischung in die deutschen Wirren. Mit England führten sie bisher nur einen Seekrieg. Nun schlugen sie einen verkehrten Weg ein und vernachlässigten die Hauptsache, um etwas anderes zu betreiben, das sie eigentlich gar nichts anging. Bisher waren sie den Engländern zur See überlegen gewesen. Sobald aber ihre Aufmerksamkeit durch den Kontinentalkrieg abgelenkt wurde und ihre Heere in Deutschland all die Geldmittel verschlangen, die sie zur Vermehrung ihrer Flotte hätten verwenden sollen, gebrach es ihrer Marine am Nötigsten. So erlangten die Engländer das Übergewicht und blieben Sieger in allen Weltteilen. Überdies gingen die ungeheuren Summen, die Ludwig XV. als Subsidien zahlte, und die Kosten für den Unterhalt der Heere in Deutschland außer Landes. Dadurch wurde der Geldumlauf in Paris wie in den Provinzen um die Hälfte vermindert. Um das Unglück voll zu machen, begingen die Feldherren, die der Hof an die Spitze der Armeen stellte und die sich alle für einen Turenne hielten, Fehler, die man einem Anfänger nicht verziehen hätte.

Mögen solche Beispiele wenigstens die Projektemacher unter den Staatsmännern belehren, daß der menschliche Geist, so umsichtig er auch sei, doch niemals all die feinen Verkettungen so zu durchschauen vermag, um Ereignisse, die von künftigen Zufällen abhängen, vorauszusehen oder herbeizuführen. Wir erklären recht gut das Vergangene, weil dessen Ursachen offen daliegen, aber wir irren stets über das Kommende; denn die Ursachen zweiter Ordnung entziehen sich unseren verwegenen Blicken.

Es ist keine Besonderheit unseres Jahrhunderts, daß Staatsmänner sich täuschen. So war es in allen Zeiten, wo der menschliche Ehrgeiz große Pläne gebar. Um sich davon zu überzeugen, erinnere man sich nur der Geschichte der berühmten Ligue von Cambrai, des Scheiterns der Armada, der Kriege Philipps II. gegen die Niederlande, der großen Pläne Ferdinands II. bei Beginn des Dreißigjährigen Krieges, der verschiedenen Teilungspläne vor dem Spanischen Erbfolgekrieg und vor diesem letzten Kriege. Alle jene großen Unternehmungen führten fast zum Gegenteil dessen, was ihre Urheber gewollt hatten. Denn alle menschlichen Dinge sind wandelbar, und wir selbst, unsere Pläne und die Ereignisse sind ewigem Wechsel unterworfen.

Als die kriegführenden Mächte den Kampfplatz verlassen hatten, auf dem sie mit soviel Haß und Erbitterung gefochten hatten, begannen sie ihre Wunden zu spüren und fühlten das Bedürfnis nach Heilung. Alle litten, obwohl an verschiedenen Übeln.

Wir wollen sie hier gleichsam Revue passieren lassen, um ein genaues Bild ihrer Verluste und ihrer jetzigen Lage zu gewinnen.

Preußen berechnete, daß der Krieg ihm 180 000 Mann hingerafft hatte. Seine Heere hatten in 16 Feldschlachten gefochten. Außerdem hatten die Feinde drei preußische Korps fast völlig vernichtet: erstens den Transport nach Olmütz (1758), zweitens das Fincksche Korps bei Maxen (1759) und drittens das Fouquesche bei Landeshut (1760). Zudem ging noch eine Besatzung von Breslau (1757), zwei von Schweidnitz (1757 und 1761), eine von Torgau und Wittenberg (1760) bei der Einnahme dieser Städte verloren. In Ostpreußen rechnete man 20 000 Menschen, die durch die Greueltaten und Verheerungen der Russen umgekommen waren, in Pommern 6000, in der Neumark 4000, in der Kurmark 3000.

Die russischen Truppen hatten 4 große Schlachten geschlagen. Sie berechneten ihren Verlust im Kriege auf 120 000 Mann, einschließlich der Rekruten, die auf ihrem Wege von den Grenzen Persiens und Chinas nach Deutschland umkamen. Die Österreicher hatten 10 Schlachten geliefert, zweimal die Besatzung von Schweidnitz (1758 und 1762) und einmal die von Breslau (1757) verloren: sie bezifferten ihren Verlust auf 140 000 Mann. Die Franzosen gaben ihren Verlust auf 200 000 Mann an, die Engländer und ihre Verbündeten auf 160 000, die Schweden auf 25 000 und die Reichsstände auf 28 000 Mann.

Österreich hatte beim Friedensschluß 100 Millionen Taler Schulden. Die Grenzen Böhmens und Mährens waren verheert worden, doch blieben keine Spuren mehr von Verwüstung und Zerstörung zurück.

Die französische Regierung hatte durch die Räuberei der Finanzleute und die Veruntreuungen der Beamten allen Kredit verloren. Sie sah sich genötigt, die Zinszahlungen für die Anleihen einzustellen, und das wenige, was sie abtrug, wurde unregelmäßig bezahlt. Das Volk seufzte unter der Last der drückenden Abgaben, und obgleich kein Feind verheerend in das Land einbrach, litt der Staat doch nicht minder, weil der Handel mit den Kolonien vernichtet war und so die Quellen des Wohlstandes versiegten. Überdies hatten die Staatsschulden eine derartige Höhe erreicht, daß die außerordentlichen Auflagen noch zehn Jahre nach dem Frieden weiter erhoben werden mußten, um die Zinsen zu bezahlen und einen Tilgungsfonds zu schaffen.

Die Engländer, die zu Wasser und zu Lande siegreich gewesen waren, hatten ihre Eroberungen eigentlich nur mit ungeheuren Kriegsanleihen erkauft, und der Staat war dadurch fast bankrott. Dagegen überstieg der Reichtum der Nation jeden Begriff. Dieser Reichtum und Luxus rührte von den großen Prisen her, die den Franzosen und Spaniern weggenommen waren, und von dem fabelhaften Anwachsen des Handels, den die Engländer während des Krieges fast allein in Händen gehabt hatten.

Rußland hatte zwar beträchtliche Summen ausgegeben, aber mehr auf Unkosten Preußens und Polens als auf eigene Rechnung Krieg geführt. Schweden stand vor dem Staatsbankrott. Dort hatte man nicht nur die Gelder der Bank angegriffen, sondern auch durch eine ungeschickte Finanzoperation das Papiergeld zu stark vermehrt. Dies zerstörte das Gleichgewicht, das jeder gut verwaltete Staat zwischen Papiergeld und Münze halten muß.

Preußen hatte durch den Krieg am meisten gelitten. Österreicher, Franzosen, Russen, Schweden, Reichstruppen, ja selbst der Herzog von Württemberg hatten das Land verheert. Zum Unterhalt der Armeen und für anderen Kriegsbedarf hatte der Staat 125 Millionen Taler ausgegeben. Pommern, Schlesien und die Neumark bedurften großer

Summen zu ihrer Wiederherstellung. Aber auch andere Provinzen, wie das Herzogtum Krossen, das Fürstentum Halberstadt und die Grafschaft Hohenstein, bedurften sehr der Hilfe. Viel Fleiß und Mühe war erforderlich, um sie wieder in den vorigen Zustand zu bringen. Die meisten Felder lagen brach, da es an Saatkorn und Vieh mangelte, und alles, was zur Nahrung eines Volkes dient, fehlte ebenfalls. Zur Linderung all dieses Elends wurden an jene Provinzen 25 000 Wispel Korn und Mehl und 17 000 Wispel Hafer in billiger Weise verteilt. Dem Adel und den Bauern wurden 35 000 Pferde von den Truppenteilen und der Artillerie, sowie Lebensmittel gegeben. Außerdem bezahlte der König an Schlesien 3 Millionen Taler, an Pommern und die Neumark 1 400 000, an die Kurmark 700 000, an das Herzogtum Kleve 100 000 und an Ostpreußen 800 000 Taler zu ihrer Wiederherstellung. Die Steuern im Herzogtum Krossen, in Hohenstein und Halberstadt wurden auf die Hälfte herabgesetzt, kurz, das Volk schöpfte wieder so viel Mut, um nicht an seiner Lage zu verzweifeln, und begann durch Tatkraft und Fleiß den erlittenen Schaden wieder gutzumachen.

Aus dieser allgemeinen Übersicht ergibt sich, daß die österreichische, französische und selbst die englische Regierung tief in Schulden steckten und fast keinen Kredit besaßen, während die Völker, die nicht unmittelbar unter dem Kriege gelitten hatten, ihn nur an den ungeheuren Abgaben spürten, die ihnen auferlegt wurden. In Preußen dagegen hatte die Regierung Geld und Kredit, aber die Provinzen waren durch die Raubgier und Barbarei der Feinde verheert und zugrunde gerichtet.

Nächst Pommern hatte von allen deutschen Ländern das Kurfürstentum Sachsen am meisten gelitten, doch sein guter Boden und der Gewerbfleiß seiner Einwohner waren Hilfsquellen, die der preußische Staat nur in Schlesien hatte. Die Zeit, die alle Übel heilt und tilgt, wird gewiß auch bald den preußischen Provinzen ihren Wohlstand, ihr Gedeihen und ihren alten Glanz wiedergeben. Auch die anderen Mächte werden sich wieder erholen. Dann werden andere Ehrgeizige neue Kriege heraufbeschwören und neues Unheil verbreiten. Denn es ist eine Eigenschaft des menschlichen Geistes, daß Beispiele keinen bessern. Die Torheiten der Väter sind für ihre Kinder verloren; jede Generation muß durch eigenen Schaden klug werden.

Wir wollen dies vielleicht schon zu lange und ausführliche Buch nur noch mit zwei Worten beschließen, um die Neugier der Nachwelt zu befriedigen, die ohne Zweifel wissen möchte, wie ein so wenig mächtiger Fürst wie der König von Preußen sieben Jahre lang einen so verderblichen Krieg gegen die mächtigsten Monarchen Europas aushalten konnte. Wenn der zeitweilige Verlust so vieler Provinzen ihn in große Bedrängnis brachte und die hohen Ausgaben beständig vermehrt werden mußten, so blieben doch immer einige Hilfsquellen übrig.

Der König zog aus den ihm verbliebenen Provinzen, die für die anderen eintreten mußten, 4 Millionen. Die Kriegskontributionen aus Sachsen beliefen sich auf 6 bis 7 Millionen. Aus den englischen Subsidien, die eigentlich nur 4 Millionen betrugen, wurden 8 Millionen geprägt. Die Verpachtung der Münze unter Verminderung der Geldsorten auf den halben Wert erbrachte 7 Millionen. Außerdem wurde die Bezahlung der Zivilgehälter suspendiert, um alle Gelder für den Krieg zu verwenden. Diese verschiedenen Summen ergaben jährlich insgesamt 25 Millionen Taler in schlechter Münze. Das genügte bei guter Wirtschaft zur Besoldung und zum Unterhalt der Armee und für außerordentliche Ausgaben, die bei jedem Feldzug wiederkehrten.

Das Schwert, das mit einem Büschel Lorbeeren vom Blut gereinigt wird, als Symbol des Friedensschlusses.

Wenn die Vorsehung auf die menschlichen Armseligkeiten herabblickt, so gebe der Himmel, daß Preußen unveränderlich blühe und in Zukunft vor dem Jammer und Elend bewahrt bleibe, die das Land in diesen Zeiten des Umsturzes und der Verwirrung heimgesucht haben. Mögen seine Herrscher niemals gezwungen werden, zu den gewaltsamen und verhängnisvollen Mitteln zu schreiten, die der König zur Verteidigung des Staates gegen den Haß und den Ehrgeiz der europäischen Fürsten ergreifen mußte, als sie das Haus Brandenburg vernichten und den preußischen Namen für immer austilgen wollten!